U0472005

2024 年度
中国新兴金融发展报告

上海财经大学滴水湖高级金融学院　主编

上海财经大学出版社
SHANGHAI UNIVERSITY OF FINANCE & ECONOMICS PRESS

图书在版编目(CIP)数据

2024年度中国新兴金融发展报告/上海财经大学滴水湖高级金融学院主编.—上海:上海财经大学出版社,2024.5
ISBN 978-7-5642-4396-8/F.4396

Ⅰ.①2… Ⅱ.①上… Ⅲ.①金融业-经济发展-研究报告-中国-2024 Ⅳ.①F832

中国国家版本馆CIP数据核字(2024)第097433号

□ 责任编辑 刘 兵
□ 装帧设计 上海碧悦制版

2024年度中国新兴金融发展报告

上海财经大学滴水湖高级金融学院 主编

上海财经大学出版社出版发行
(上海市中山北一路369号 邮编200083)
网 址:http://www.sufep.com
电子邮箱:webmaster@sufep.com
全国新华书店经销
上海颛辉印刷厂有限公司印刷装订
2024年5月第1版 2024年5月第1次印刷

889mm×1194mm 1/16 9.5印张 214千字
定价:98.00元

编委会

课题组负责人

刘元春　上海财经大学校长、滴水湖高级金融学院院长
陈选娟　上海财经大学滴水湖高级金融学院执行院长
邱嘉平　上海财经大学滴水湖高级金融学院访问教授
孙筱和　临港新片区管委会金融贸易处处长

课题组主要成员

曹　啸　邓　辛　李江远　刘莉亚　马文杰　陕晨煜　徐晓萍　杨子晖　张　熠

业界专家

史　杰　董善宁　李　瑾　魏　琳　王一帆　王志毅　王　扉

特邀编辑

孙　畅

学生团队

陈腾军　陈雨恬　范　祥　高黎涛　洪逸成　姜懿纯　刘旭浚　林师涵　向书凝　孙雨亭
周　炜　赵鹏翔　张　琳　张年华　赵森杨　周瑞恒　范莹飞　郭凤娟　王非凡

前言
PREFACE

中国式现代化建设的新征程对于金融创新发展提出了全新的要求。随着金融主体多元化、金融要素市场化以及金融产品迭代速度的不断加快，以创新理念、创新技术、创新模式提供各类新兴金融服务正逐渐成为满足多元化、多样性金融需求，实现低成本、高效率金融供给的基本经济发展要素。在这一背景下，《新兴金融年度发展报告》应运而生，旨在为新兴金融领域提供有力支持与引导，推动其更加稳健、创新地发展，更好地服务于多元化和复杂化的经济需求。报告涵盖了科创金融、绿色金融与可持续发展、跨境金融与离岸金融、普惠金融、面向新时代的养老金融与金融科技与数字化转型等六个主要新兴金融领域。全面总结了新兴金融在国际和国内发展上的最新动态。深入分析了新兴金融发展的现状、面临的挑战与未来的发展前景。报告中还提出了一系列有针对性的政策建议与具体的实

施措施，旨在进一步推动新兴金融的发展和落地。这是我们共同努力的开始，期盼通过对新兴金融发展的深入思考与行动，推动新兴金融的发展，更好地服务实体经济和国家社会发展新目标。新兴金融的发展之路或许任重道远，但只有通过深入了解问题、解决问题、不断创新、合作共赢，我们才能真正引领金融体系走向更为全面和创新的未来。在克服困难和挑战的过程中，我们始终保持谦逊与勇气，迎难而上，为中国金融的繁荣和全球经济的稳定贡献我们的力量，让我们携手前行，共同创造一个更加繁荣、可持续和智能的金融未来。

CONTENTS 目录

01 引言

一　新兴金融之源：发展和变革的助推器　　　　　/002
二　新兴金融之新：金融创新发展的新格局　　　　/004
三　新兴金融之兴：打造中国特色金融强国　　　　/006
四　新兴金融之路：探索与开拓　　　　　　　　　/009

02 科创金融

- 一 概念与内涵及各层面分析 /014
- 二 国内外发展现状 /020
- 三 科创金融存在问题与挑战 /026
- 四 未来展望与战略建议 /030

03 绿色金融与可持续发展

- 一 概念与内涵 /036
- 二 国内外绿色金融与可持续发展现状 /037
- 三 存在问题与挑战 /048
- 四 未来展望与战略建议 /051

04 普惠金融

- 一 概念、特点与相关政策 /056
- 二 发展现状 /059
- 三 发展面临的问题和挑战 /065
- 四 发展建议 /072
- 五 发展展望 /076

05 面向新时代的养老金融

- 一 养老金融概念与内涵　　　　　　　　　　　　　/080
- 二 养老金融发展现状　　　　　　　　　　　　　　/080
- 三 养老金融发展面临的问题和挑战　　　　　　　　/085
- 四 未来展望与发展建议　　　　　　　　　　　　　/092

06 跨境金融

- 一 跨境金融的概念以及相关政策　　　　　　　　　/098
- 二 跨境金融发展现状　　　　　　　　　　　　　　/105
- 三 国际宏观环境给跨境金融带来的机遇与挑战　　　/111
- 四 未来展望与战略建议　　　　　　　　　　　　　/113

07 金融科技与数字化转型

- 一 概念与内涵　　　　　　　　　　　　　　　　　/118
- 二 国内外发展现状　　　　　　　　　　　　　　　/120
- 三 存在的问题与挑战　　　　　　　　　　　　　　/127
- 四 未来展望与战略建议　　　　　　　　　　　　　/131

参考文献　　　　　　　　　　　　　　　　　　　　/137

第一章

引言

现代社会的变革与文明的进步离不开金融的创新。在科技革命的浪潮下，中国式现代化建设的新征程对金融创新发展提出了全新的要求。随着金融主体多元化、金融要素市场化以及金融产品迭代速度的不断加快，借助创新理念、创新技术、创新模式提供各类新兴金融服务正逐渐成为"满足多元化、多样性金融需求，实现低成本、高效率金融供给"的基本经济发展要素。当前，我们需要按照2023年第一次中央金融工作会议确立的"加快建设金融强国"的目标，探索新兴金融助推金融强国的新战略、新模式和新路径，为中国式现代化的全面推进、强国建设和民族复兴伟业提供有力支撑。在这一背景下，《中国新兴金融发展报告》应运而生，旨在对新兴金融的现状、发展面临的问题进行系统性的总结，并为其实践提供有力的支持与引导，推动新兴金融更加稳健、创新地发展，更好地服务于多元化和复杂化的经济需求。

一、新兴金融之源：发展和变革的助推器

金融作为社会经济体系的核心组成部分，其主要职能在于为社会提供资金媒介、资源配置、经济调节和风险规避等服务。自货币的初次出现，到当今数字化革命所催生的多元金融形式，金融的形态与功能一直在不断变革。近现代以来，每一次伟大的社会经济变革背后都离不开金融变革的支撑，可以说，任何一个大时代都有自己的"新兴金融"。

第一，让我们先追溯到15世纪末至16世纪初的大航海时代，这个时期被认为是人类历史上全球资源配置的初期阶段。这一时代以勇敢的探险家和新大陆的发现为标志，也是西方国家航海事业迅速发展和展现其巨大潜力的时期。为了支持这一发展，金融领域经历了重大的变革，并为航海探险提供了至关重要的资金支持。

具体而言，在意大利城邦和其他大航海国家，由于海上贸易和探险的风险巨大，需要大量的资金支持。康孟达（Commenda）合同为投资者提供了一种独特的参与商业活动的方式，通过购买股份来支持航海探险。这种灵活的融资模式使得投资者能够分享探险的利润，同时分担海上探险的风险。这为大航海活动提供了可靠的经济支持，推动了新大陆的发现、新航线的开辟以及新贸易网络的形成。事实上，康孟达的组织模式可视为早期股份制的一种形式，投资者通过购买"份额"或"股份"参与其中，而这些股份代表了他们对商业活动的投资份额。这种股份制特征为后来公司制度的发展奠定了重要基础。在大航海时代，这种"新兴金融"在全球资源重新配置和贸易格局的转变中起到了关键作用。

第二，从18世纪末到19世纪初的第一次工业革命标志着从传统农业社会向现代工业社会的根本转变，开启了人类历史上现代化的新篇章。蒸汽机的广泛应用成为这一时期的标志，技术领域因此实现了革命性突破。同时，金融创新在这个时期发挥了至关重要的作用，为技术发展提供了必要支持，并推动了经济及社会结构的深刻变革。

金融创新与瓦特蒸汽机的开发及其商业化息息相关。1765年，瓦特获得了商人罗巴克的资助，开始研制新式蒸汽机，并在四年后成功取得专利。然而，1773年，罗巴克企业的破产终止了对瓦特的经济支持。紧接着在1774年，制造商马修·博尔顿看到了蒸汽机的巨大商业潜力，购买了瓦特的专利，并与他建立了商业伙伴关系。他们的合作目标是将蒸汽机技术应用于各种产业。1783年，在博尔顿的推动下，英国建成了第一家大规模利用蒸汽动力的工程——阿尔比恩磨坊，此举很快促进了纺织业的革新。

这种以发明家与企业家之间的专利合作和以合资企业为核心的金融模式，成为工业革命期间的重要创新。这类"新兴金融"促进了新技术的广泛应用，并成为工业革命经济格局转变的关键因素。

第三，到21世纪，风险投资已经成为全球范围内支持初创企业发展的主要手段。其历史根源可以追溯到20世纪初，一些富有的企业家和家族基金开始为初创企业提供资金，风险投资开始崭露头角。

然而，真正推动风险投资蓬勃发展的契机是在20世纪末互联网的崛起和科技创新的高速发展。这一时期，风险投资作为一种灵活的融资方式得到了广泛应用，并在全球范围内迅速传播。

第四，当前，随着科技行业的蓬勃发展，风险投资变得更加多元化。互联网的普及使得初创企业更容易获得来自全球的关注和投资。与此同时，初创企业的融资方式也发生了变革，从最早的天使投资和种子轮逐渐演化为更复杂的投资阶段，包括A轮、B轮、C轮融资等。这一多层次的投资生态系统为初创企业提供了更为全面和持续的支持，帮助它们实现不断地创新和成长。在风险投资的演进中，金融科技（FinTech）的兴起也成为重要的推动因素之一。金融科技的发展为风险投资带来了更高效的投资流程、风险评估工具以及更广泛的市场覆盖。这种数字化和科技化的趋势使得风险投资更加透明、快捷，并能够推动更多行业的创新。

总体而言，风险投资已经从20世纪初的雏形发展成为一个全球性的、多元化且高效的融资体系，为初创企业提供了关键的资金支持和发展空间。其演变不仅反映了这个时代的"新兴金融"，还为全球创业者和投资者提供了更多机会和挑战。

我们可以清晰地观察到，任何时代都有接近前沿、支持前沿、定价前沿的金融来为革命和转型进行背书。因此新兴金融必然是一个时代的概念，随着大时代的到来而被赋予新的内涵和使命。

任何一国要想成为所在时代的中心国家或真正的强国，都必须同时掌握该时代的前沿技术和"新兴金融"。单纯地掌握技术或仅仅掌握金融都难以使一个国家在国际竞争中脱颖而出。正如前文所述，技术的可持续创新必须以大量的资源投入为前提。相应地，一个拥有先进技术的国家必定通过体制化和市场化手段来实现资源的集聚与配置，以全面支持前沿技术的发展。此外，国家的风险识别和管理也离不开先进的金融体系。除了举国体制，构建在大市场基础上的"新兴金融"也是实现强国梦的必由之路。

以冷战时期的美国和苏联为例，双方在科技上都有巨大成就，在竞争中也都形成了举国体系，但两国却有着截然不同的金融体系。美国通过其军民融合体系和军工复合体的成功实践，将军事技术与市场技术有机融合，形成了强大的综合国力支持体系。相比之下，苏联的金融机制未能实现类似的成功转变，这在一定程度上成为美国最终胜出的重要因素之一。冷战时期的历史经验表明，"新兴金融"对一个国家在技术领域取得可持续优势至关重要。

在当前全球科技浪潮的推动下，新兴金融对国家的可持续发展和创新崛起愈发不可或缺。随着人工智能、区块链、大数据等前沿技术的迅猛发展，相应的数字货币、金融科技、区块链技术等新兴金融手段已成为推动金融行业创新的重要驱动力。同时，金融创新也伴随着网络安全、隐私保护和虚拟资产波动等一系列挑战。因此，建设更加智能、高效和安全的新兴金融体系对中国的发展至关重要，也是实现中国强国梦的必由之路。

在当下复杂而多变的时代，中国正面临着全球性的难题、颠覆性的技术革命以及大国之间复杂的利益冲突，中国要适应并引领这一时代的国际政治经济变革就离不开新兴金融的引擎力量。

气候变化、环境污染、生物多样性丧失和水资源危机等问题，是当前全球各国共同面临的难题。

在这个背景下，新兴金融正努力为解决这些全球性挑战提供创新性支持。例如，绿色金融正成为支持可再生能源项目和环保倡议的关键举措，以调动市场的力量和资源来减缓和解决气候变化的影响。金融科技的应用也在改善资源分配效率、促进可持续农业和水资源管理方面发挥作用，助力应对当前复杂且紧迫的全球难题。

当前，人类已经迈进智能时代和数字时代的新阶段，与以往的技术变革相比，新一轮变革在本质上具有深刻的差异。传统技术变革主要强调对人体四肢的延伸和效率的提升，而当前的技术变革正在对人类大脑进行延伸甚至全面替代。这种技术变革的深度和广度对金融支持提出了全新的挑战，技术的定价不仅仅关乎物质资源，更涉及对知识、智力和创新的价值认同。同时，金融支持的范围也随之扩大，金融机构需要更加灵活和前瞻地设计金融工具以满足不断涌现的创新型企业和项目的需求。因此，当前技术和金融的交融呈现出更为紧密和复杂的关系，需要新兴金融不断创新和升级，以适应新时代的需求。

当前大国间的利益冲突呈现出"技术、金融和人才"三位一体的新特点。传统的赶超模式在激烈的竞争中显得力不从心，因为仅仅依靠传统手段已无法应对复杂的挑战。在这一时刻，新兴金融因其灵活的资金支持、精细的风险管理以及人才引进和培养的创新机制而崭露头角，成为中国应对大国竞争的重要手段。新兴金融的特性使得国家能够更加灵活地应对快速变化的大国竞争环境，为技术创新提供可持续的资金支持，同时通过优化金融体系、吸引和培养高层次人才，使国家更具竞争力，从而在复杂多变的国际竞争中取得更有优势的地位。

二、新兴金融之新：金融创新发展的新格局

新兴金融是在基于创新理念、创新技术、创新模式相互融合的基础之上形成的一种金融形式，其目标在于以更高效、智能、便捷的方式提供金融服务，从而推动新技术、新产业和新领域的发展，为新的群体和国家社会发展的新目标提供支持。

相对于传统金融，新兴金融之所以新，是因为它涵盖了新的制度、新的理念、新的技术、新的模式、新的产品和新的服务。因此，不能从静态、狭义的角度理解新兴金融的内涵，也不能从具体的技术、产品和服务层面来看待新兴金融，而要把新兴金融视为一个随着科技、市场和产业的变化而不断演进的动态过程。新兴金融强调的是创新的态度与意识；新兴金融发展的目标是服务于实体经济的创新发展；新兴金融发展的宗旨是服务于国家战略对于金融业提出的新的要求；新兴金融发展的愿景是

构建适应中国式现代化建设的数字化、智能化、全球化的金融改革新格局。

1. 新兴金融以新技术为支撑

新兴金融利用包括云计算、大数据、区块链、人工智能等金融科技创新技术突破时空界限，为客户提供全天候、不间断、不受物理网点限制的在线智能金融产品和服务，成为名副其实的"无处不在"的"全天候"服务方式。由此带来金融机构数字化改造和金融服务效率提升、成本降低和无界性的新格局，使得新兴金融天然具有更加智能化、安全"跨界"和综合化经营的能力。

2. 新兴金融带动新业务发展

新兴金融可以与前三次工业革命无缝关联，并随着工业革命进程不断加深金融介入程度。作为第四次工业革命的产物，信息数据资源正在成为促进经济增长和社会发展的基本要素之一。新兴金融提供涵盖数字支付、智能合约、科技金融等适应新产业发展的金融服务，其信息数据资源正逐渐成为服务整个社会运行、修正和调整的新生产要素。新兴金融不仅满足了现代社会多元化、多样性的金融需求，还促进了金融服务供给的创新和升级，为初创公司提供相应政策、基础设施和资源，为第四次工业革命和社会经济高质量发展注入新的动力。

3. 新兴金融注重服务新对象

新兴金融依靠互联网技术增强服务触达能力和场景构造能力，可以提供相对平等的金融服务，降低金融服务门槛，提高金融包容性，并在一定程度上提升社会整体平等和公平程度。新兴金融坚持以人为本的理念，通过普惠金融和养老金融等服务，提供更灵活、便捷、个性化的金融服务，使更多人能够融入金融体系，进而推动金融服务的普及和社会可持续发展。

4. 新兴金融关注新领域需求

新兴金融遵循环保、社会和治理（ESG）原则，促进绿色金融发展，引导资金对接可持续发展的新领域需求。在政策和市场的双向推动下，新兴金融鼓励、扶持和引领绿色发展。例如，金融机构采用可持续发展的投资标准，支持符合环境、社会和治理标准的项目和企业创新发展；制定和实施绿色金融政策，建设绿色金融信息平台，提供全面的环保信息和数据；推动发展绿色债券、绿色信贷和其他绿色金融产品，吸引更多投资者参与可持续发展；促进环保科技创新，提高绿色项目的投资吸引力；强化金融机构和企业环保信息披露，提高透明度，帮助投资者更好地理解其投资环境。

5. 新兴金融推动新开放高度

要在不同规则制度下推动新兴金融跨境发展，需要重点研究当前中国与世界相互影响下起源于各国制度博弈的跨境金融安排问题，深入探讨跨境资金自由流动下形成的国际金融新秩序和新格局。具体而言，一是要以具有国际竞争力的相关贸易投资制度优势，加快推动经常项下新兴金融发展，即借助便捷畅通的渠道和方式支持经常项下跨境资金自由流动，允许非金融部门自主选择境内外市场对实体经济开展跨境投融资，为实施自由贸易试验区提升战略提供支持和服务。二是要加快推进资本项下新兴金融发展，选择有益于实体经济发展的标准和非标金融产品进行风险可控的资本项下交易，从"开不开、开什么渠道、开多大规模"三个角度统筹权衡和规划实施资本项目可兑换改革，建设可集中筹措和投放全球资金的资本项目完全可兑换场所，为上海国际金融中心建设提供支持和服务。

6. 新兴金融提供新安全保障

新兴金融的发展使得商品交易、资金转移和数据存储更加安全可靠。通过区块链技术，新兴金融能够将交易记录分布在网络中的多个节点上，从而提高数据的安全性。借助智能合约，金融交易能够自动执行，有效避免了人为错误和潜在的恶意行为，从而提升了交易的安全性。新兴金融还能运用新发展的加密技术，确保更高水平的数据安全性，以防范潜在的安全漏洞。生物识别技术的运用降低了信息被盗风险，有助于防范信息泄露、篡改和伪造。同时，金融监管和治理体系的不断创新和升级为建设更为稳健的新兴金融体系提供了机遇。新兴金融的迅速发展同时也催生了更高层级的监管科技，可以利用技术手段提高合规性和监管效率，更好地预防和应对区域性系统性风险。此外，通过在新兴金融领域的创新实践，中国有望在国际金融舞台上扮演更为重要的角色；新兴金融的发展有助于中国更积极地参与全球金融治理，为全球金融体系的稳定发展贡献更多力量。

三、新兴金融之兴：打造中国特色金融强国

2023 年 10 月中央金融工作会议召开，此次会议在总结党的十八大以来的金融工作并分析金融高质量发展所面临形势的基础上，对当前和今后一个时期金融关键工作进行了部署。面对国际国内环境的深刻复杂变化，会议明确了未来新兴金融的重点发展方向，这对于推动中国经济高质量发展和促进高水平对外开放具有重要的意义。

从经济学的角度看，新兴金融的发展不仅为金融体系带来创新和效率提升，同时也为整个经济系统注入了活力和可持续增长的动力。具体而言，新兴金融将在以下几个方面发挥"兴"的功能，推动中国经济高质量发展和促进高水平对外开放。

1. 提高资源配置效率

通过大数据、人工智能等科技手段的运用，新兴金融能够更准确地评估风险和回报，优化资本配置，从而提高整体资源利用效率。新兴金融通过引入区块链等新技术，使得金融交易模式发生变革。新的交易模式能够减少中介环节，提高交易透明度，降低交易成本，有助于缓解信息不对称的困扰，促使更多的资源流向实体经济，提升社会经济效益。

2. 促进更多群体参与经济

新兴金融有助于降低金融服务的门槛，推动金融包容性的提升，使更多人能够融入正规金融体系，促进更多群体更加广泛地在不同层面参与经济活动，提升经济活动的深度和广度。

3. 推动创业和创新

新兴金融为创业者提供更为灵活的融资途径和融资方式，初创企业可以更容易地获得资金支持，从而推动创业和创新活动，为经济注入新的动力。

4. 引发实体产业链条的变革

新兴金融的发展不仅仅意味着金融行业本身的变化，更为重要的是，新兴金融会对实体经济产生深刻的影响，带动相关产业链的变革，激发实体经济商业模式的创新，促进整个经济体系的升级。

5. 增强经济抗风险能力

新兴金融的发展意味着金融机构可以利用新的技术和数据更为精确地评估风险和监控借款人的行为，因此可以更好地应对各种冲击和挑战。新兴金融利用分布式技术，降低金融体系的单一性和集中性，提高金融机构的灵活性和风险承受能力，从而提升整体经济运行的稳定性。

中央金融工作会议提出的"金融强国"战略是一项具有远见卓识的正确选择。这一战略为新兴金融提供了明确的方向，要求其在满足经济需求的同时，进一步提升金融资本效益，激发金融机构的活力和竞争力，以有效地引导大量经济资源配置，确保可持续发展，助力中国在国际经济舞台上发挥更为重要的角色。因此，新兴金融发展是我国高质量经济发展和高水平开放的必然需求和推动力。具体体现在以下几个方面。

1. 高质量经济发展需要新兴金融提供强有力的支持和服务

高质量发展是全面建设社会主义现代化国家的首要任务，新兴金融的首要任务则是盘活被低效占用的金融资源，提高资金促进高质量发展的使用效率。发展新兴金融就是要切实健全多层次市场体系，加强对重大战略、重点领域和薄弱环节的优质金融服务，把更多金融资源用于促进科技创新、先进制造、绿色发展和中小微企业，大力支持实施创新驱动发展战略、区域协调发展战略，确保国家粮食和能源安全，做好科技金融、绿色金融、普惠金融、养老金融、数字金融五篇大文章，着力打造现代金融机构和市场体系，疏通资金进入实体经济的渠道。

2. 高水平对外开放需要新兴金融提供强有力的支持和服务

坚持"引进来"和"走出去"并重，推动金融双向开放，是加快推动新兴金融发展的题中之义，也是持续构建金融新发展格局的重要内容。引进外资金融机构，要推动外资金融机构在业务范围持续扩大中优化供给新兴金融业态，并促进国内金融业开展良性竞争，吸引更多外资金融机构和长期资本来华展业兴业。推动国内金融机构"走出去"，有利于通过交流合作提升自身经营新理念、新技术、新模式，进而提升服务实体经济的水平和质效。同时，通过发展新兴金融提高金融产品和服务的多元化和开放性，可以促进开放型经济增长动能转换、发展方式转变，为提升跨境投融资便利化注入新活力、增添新动能，进而增强上海国际金融中心的竞争力和影响力，巩固提升香港国际金融中心地位。

3. 大国崛起需要新兴金融提供强有力的支持和服务

纵观世界历史发展经验，金融作为一种经济资源高效整合方式，通过不断突破传统金融模式发展新兴金融业态，以较小成本引导配置大量经济资源，已经成为一种非常重要的国家能力。中央金融工作会议此时提出"金融强国"战略，是高瞻远瞩且切合实际的正确战略选择，也表明加快推动代表金融强国趋势的新兴金融发展，在整个国民经济建设中的作用和地位愈发重要。特别值得强调的是，通过适应大国崛起的新兴金融供给，进一步提高国有金融资本效益和国有金融机构活力、竞争力、可持续发展能力，具有把党中央擘画的金融发展蓝图一步步变为现实的压舱石效用。

4. 树立建设具有中国特色新兴金融发展的战略目标

以新兴金融发展增强现代金融体系适配性和运行效率，促进金融回归服务实体经济本源并有效释放实体经济潜能，同时全面加强机构监管、行为监管、功能监管、穿透式监管和持续监管，及早发现并解决潜在的新兴金融风险，是关系国家经济命脉，体现国家治理能力和治理水平的内生动力。深刻把握以人民为中心的价值取向，走中国特色金融发展之路，新兴金融对未来金融发展产生的深远影响，必将成为中国金融迈向更加光明未来的重要标志。从这种意义上讲，基于对中国特色金融发展规律的认识，进一步丰富与完善"与众不同"的中国金融故事，形成超出既有经济金融理论和政策框架的新兴金融发展创新理念和实践路径，推进中国新兴金融理论话语体系建设是面向未来的重大工程。同时，要在中外交流互鉴中更好地传播中国新兴金融发展理念、逻辑和规律，为完善全球金融治理贡献中国智慧和中国力量，携手共建人类命运共同体。

四、新兴金融之路：探索与开拓

新兴金融的本质是金融体系的创新发展，以更有效地发挥金融体系服务实体经济的功能。金融体系的基本功能是在一个不确定的环境中，以时间上和空间上的便利方式进行经济资源的配置和拓展。这包括为货物和服务的交易提供支付系统；为从事大规模、技术上不可分的企业提供融资机制；为跨时间、跨地域和跨产业的经济资源转移提供途径；为管理不确定性和控制风险提供手段；为协调不同经济领域分散决策提供价格信息；为处理不对称信息和激励问题提供解决途径。

传统金融存在一系列的问题，阻碍了金融体系功能的有效发挥。高交易成本是其中之一，传统金融体系中的中介机构、繁琐的流程和复杂的结算系统导致高交易成本。低效的结算系统也是一个挑战，传统金融结算系统通常需要花费更多的时间和更多的环节，尤其是在跨境交易中，繁琐的交易环节使得转账支付的结算效率更低。金融包容性和普惠性不足是另一个问题，传统金融体系的覆盖不足，不能为落后地区和低收入人群提供有效的金融服务。缺乏个性化和定制化服务导致传统金融机构的产品和服务较为标准化，不能满足家庭和企业的差异化需求和偏好。传统金融在解决经济交易过程中的信任问题面临瓶颈。传统金融体系中的信息不对称和中介机构的复杂性导致交易缺乏足够的透明度，难以解决道德风险和机会主义行为问题，信任的缺失导致信贷配给问题严重。传统金融在维护金融稳定方面存在缺陷。在传统金融体系中，由于各个金融机构之间相互关联，形成了复杂的金融网络。当一个机构面临困境时，可能引发系统性风险，对整个金融系统产生连锁反应。传统金融机构通常具有较为刚性的组织结构和运营方式，难以迅速适应市场变化。这可能导致在市场变动较大的情况下，金融机构难以迅速有效地调整自身结构，应付外部市场波动。

新兴金融通过创新理念、技术和模式的整合，试图解决传统金融体系存在的问题，以提升金融服务效率、包容性和稳定性。具体而言，新兴金融可以在以下几个主要方面缓解或解决传统金融存在的问题。

1. 降低交易和信息成本

新兴金融通过大数据、区块链、人工智能等技术，能够提供具备较少中介环节、简便交易流程、精简结算系统的新模式，以大大降低交易成本，提升交易效率。

2. 提供个性化金融服务，满足个体用户的需求

新兴金融利用大数据分析和人工智能技术，可以深入了解用户的需求，为用户提供更加个性化的金融产品和服务；通过智能算法，为用户的个体需求进行精准定制，提高用户体验。新兴金融通过数字化平台和移动应用，可以为用户提供个性化的金融服务体验。这包括个性化的用户界面、推荐系统

以及智能化的金融管理工具，使用户能够更方便地定制和管理自己的金融产品组合。

3. 提升经济活动的信任

新兴金融通过创新技术和服务模式，致力于解决传统金融中存在的信任问题。例如通过将交易记录存储在区块链上，可以提高数据的透明度和可追溯性，减少篡改和欺诈的可能性。又如新兴金融利用智能合约技术，可以不受人为干预，确保合同按照约定条件自动执行。再如新兴金融鼓励开放银行模式，通过合作与数据共享，不同金融服务提供商之间可以更好地共享信息。这有助于建立全面的用户画像，提高对用户的信任度。

4. 促进金融包容性

新兴金融与传统金融结合，通过金融科技合作，可以推动创新金融产品和服务的发展，满足多样化的金融需求，包括传统金融中被忽视的人群。例如通过移动支付等工具提供更便捷、低成本的支付方式，有助于解决传统金融中某些地区或人群难以获得金融服务的问题。又如新兴金融注重小额贷款和微金融服务，通过利用大数据和人工智能技术，能够提高对个体信用的评估准确性，降低贷款门槛，使更多人获得贷款支持，推动金融包容性。

5. 维护金融系统稳定性

新兴金融的发展意味着金融机构可以利用新的技术和数据更为精确地评估金融风险，因此可以更好地应对各种信用风险冲击和挑战。新兴金融通过利用分布式技术，如区块链和去中心化的架构，以替代传统金融中的集中化机构。这有助于降低金融体系的单一集中度，减轻刚性结构对市场变动的过度反应，使得决策和执行更为灵活。这些特点提高了金融机构的风险承受能力和整体金融体系的稳定性。

为了促进新兴金融更好地发展，在与临港新片区管委会和临港集团的合作下，上海财经大学滴水湖高级金融学院撰写了《中国新兴金融发展报告》。报告涵盖科创金融（第二章）、绿色金融与可持续发展（第三章）、普惠金融（第四章）、面向新时代的养老金融（第五章），跨境金融（第六章）、金融科技与数字化转型（第七章）等六个主要新兴金融领域。全面总结了新兴金融在国际和国内发展上的最新动态。深入分析了新兴金融发展的现状、面临的挑战与未来的发展前景。报告中还提出了一系列有针对性的政策建议与具体的实施措施，旨在进一步推动新兴金融的发展和落地。

这些不同类别的金融领域和服务在表面上看似独立，但它们之间有着更深层次的内在联系和共性，这些联系体现了中国金融体系的整体战略目标和发展方向。

第一，这些新兴金融领域共同体现了通过金融工具和服务推动社会实体经济发展，尤其是可持续发展的目标。金融科技通过推动支付系统的现代化、提高金融服务的可及性与效率，能够极大地促进经济活动的便利性和广泛性，特别是在未被充分服务的地区和人群中。同时，金融科技支持可持续发展目标，如通过智能投资平台和区块链技术增强绿色金融项目的透明度和监管，有助于推动环保和可持续经济的发展。跨境金融响应全球经济一体化的需求，积极促进国际贸易和资本流动，加强中国与世界其他国家的金融联系跨境金融，以有效地加速经济增长并增强市场竞争力。绿色金融通过引导资本投向环保和可持续发展项目，如清洁能源和绿色技术，促进环境创新和新产业的兴起，从而推动经济的长期增长和结构优化。普惠金融通过提高农村和小微企业的金融可达性，助力经济社会包容性增长，缩小城乡经济差距。养老金融一方面通过提供稳定的退休金融产品，确保老年人经济安全，减轻社会负担。另一方面通过投资于长期、低风险和环境友好型项目，如可再生能源和绿色基础设施，有助于资本积累，并推动经济向可持续化发展转型。科创金融则支持技术创新，推动工业升级和环保技术发展，加速向可持续发展经济模式转型。这些服务共同能够促进金融系统的成熟与复杂性，确保经济增长的同时，也兼顾环境保护和社会福祉，展现中国金融系统的创新性和前瞻性。

第二，这些新兴金融领域共同体现了通过金融工具和服务降低系统性风险并增强经济抗稳定性能力的目标。金融科技可以帮助金融机构更精准地预测和缓解潜在的风险，从而提高整个金融系统的稳健性。此外，金融科技能够增强交易和监控的实时性，使金融市场能够更快地响应和调整突发事件，有效降低系统性风险。跨境金融通过增强全球资本流动性和市场深度，有助于促进风险的全球分散和经济冲击的缓冲，从而有效降低系统性风险并提升经济稳定性。绿色金融投资于可持续项目可以减少环境风险和经济损失。普惠金融通过扩展服务到边缘化群体，能够提高这些群体的经济韧性并减少社会不平等产生的经济压力。养老金融通过稳定资金流帮助应对人口老龄化带来的挑战，有助于减轻政府和社会的财政压力。科创金融则通过支持技术创新和多元化投资项目推动经济适应全球市场变化，以降低技术落后的经济风险。

这些新兴金融领域在多维度上拓展和深化了传统金融体系，增强了经济部门的稳健性和适应性，推动了中国金融市场的多元化和深化，共同提升了市场的成熟度和复杂性，有助于形成一个更稳健和包容的经济体。这样的拓展和深化不仅使中国更好地融入全球金融体系，还能够确保国内经济的稳定与增长，体现了金融系统在维护经济稳定与推动可持续发展方面的战略深度和创新力。

新兴金融发展之路前景光明，但同时也面临着重大的挑战，任重道远。千里之行，始于足下，只有通过深入了解现状，积极洞察问题，我们才能更好地把握未来。这是我们共同努力的开始，期盼通过对新兴金融发展的深入思考与行动，推动新兴金融的发展，更好地服务实体经济和国家社会发展新目标。

让我们携手前行，共同创造一个更加繁荣、可持续和智能的金融未来。

第二章

科创金融

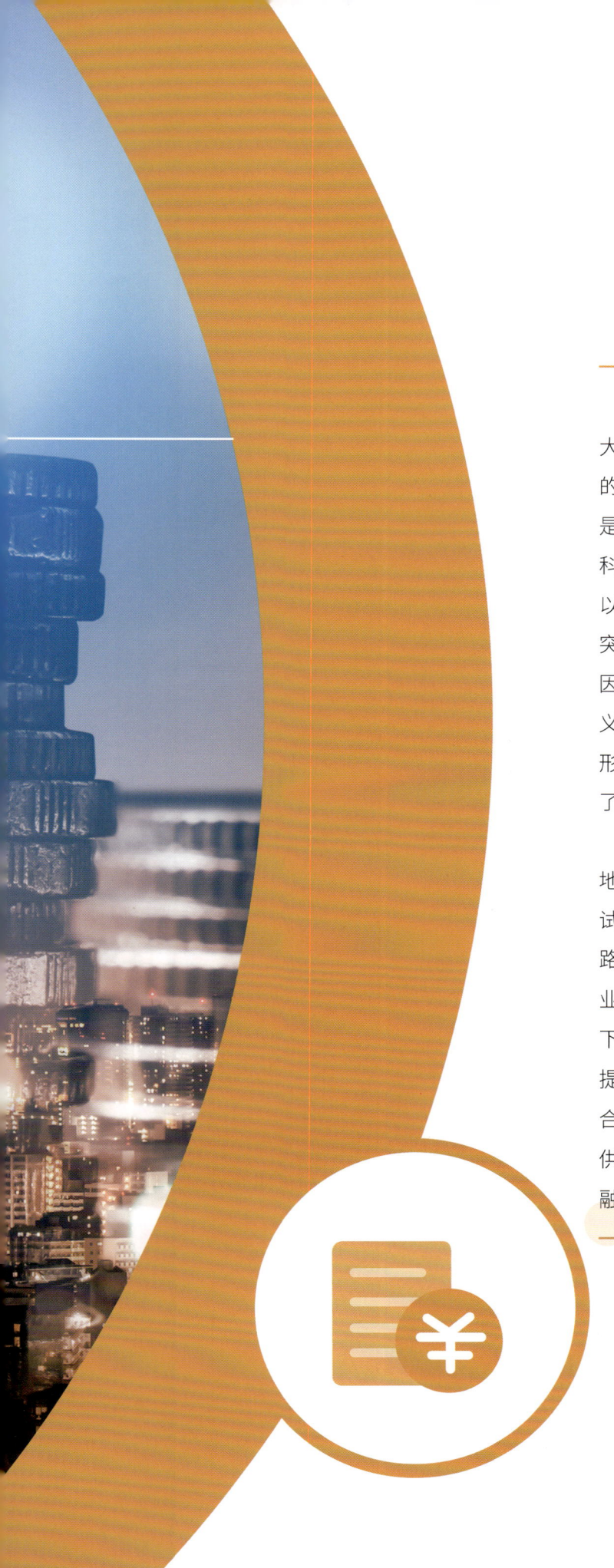

在当前国际国内背景下，创新驱动发展是大势所趋，因此科技创新已处于国家发展全局的核心位置，国家支持创新、鼓励创新，无论是实体经济领域还是金融领域。近年来，随着科技创新活动越来越复杂、技术迭代周期加速以及竞争日益激烈，科创企业在不断取得技术突破的同时，仍需要大量创新研发资源投入，因此科创金融具有重要的时代价值和现实意义，具有人民性和政治性，是推动新质生产力形成的重要力量，同时也为科创金融发展提供了宝贵的历史机遇。

2019年以来，我国已经在济南、长三角地区以及北京中关村建立了国家科创金融改革试验区，旨在探索中国特色科创金融发展道路，为科创企业提供更好的融资环境，推动产业升级和创新。在各部门和金融机构的支持下，我国金融支持科技创新的强度和水平持续提升，科技、产业、金融相互塑造、紧密耦合、良性循环的格局正在形成。同时，在推进供给侧结构性改革的背景下，加快推进科创金融服务，也是金融供给侧改革的应有之义。

一、概念与内涵及各层面分析

（一）概念与内涵

科创企业是国家创新能力的重要载体，是经济转型升级的动力，是积极应对外部冲击和风险的压舱石，在国家经济体系中举足轻重。近年来，在党和国家的高度重视下科创企业飞速发展，对经济发展起到了关键性的推动作用。同时，科创企业的发展壮大，也产生了多样化、多层次、结构化的融资需求，给科创金融带来了机遇和挑战。

当前中国经济处于转型升级的关键期，新旧动能亟须转换，科技创新将成为经济高质量增长的重要引擎，也使得科创金融的概念和范畴更加广义化、全面化。2023年中央金融工作会议提出，推进金融高质量发展，要做好科技金融首篇大文章。这彰显出科技金融赋能实体经济，创新创业高质量发展的重要地位，赋予了金融服务科技的新时代使命。因此，本报告所指的科创金融，不仅仅包含传统意义上的科技金融，更是包含科学技术转型迭代和创新创业的跨界金融生态服务。

结合国内外对科创金融的相关研究，狭义的科技金融更多是指商业银行传统信贷金融模式向科技型企业的延伸与覆盖，主要解决供给侧问题；而科创金融是指针对科技型企业个性化、多元化的全生命周期、全生态环境、全资产需求加以管理，以加快促进科技创新创业、科技成果转化、高新技术产业化以及解决需求侧问题为目标，通过持续的金融创新逐步形成集政府政策引导、直接融资、间接融资和金融中介服务于一体的跨界金融生态服务体系。

因此，我们认为科创金融是金融生态对科技企业、创新创业的全面渗透，是通过对金融工具和金融资源整合运用，实施对科技企业、创新创业活动的生命周期管理、生态环境扶持，其实质是通过金融哺育、孵化、助力，使得科创企业取得更大产出，使其增长更具活力，从而推进现代化产业体系建设，加快形成新质生产力。接下来我们从政策、产业、金融生态、企业生命周期、梯度培育五个层面进行阐述。

（二）各层面分析

1. 政策层面

党的二十大报告提出："加快实施创新驱动发展战略，加快实现高水平科技自立自强。"毫无疑问，科创企业已成为我国科技创新转化为生产力和物质财富的主要载体，而持续的有效的政策支持，是当下科创金融促进科创企业发展的基本前提。

科技创新因此在国家层面不断得到重视与支持，从2016年开始，我国就在科研创新领域给予了种种优惠政策（见图2-1）。从深化科技体制改革、科技成果转化、科技奖励机制、科技人才激励、科创金融支持、科技创新支持到科技人才发展和科技组织提升等各方面均有涵盖。在科创金融领域，2022年11月，人民银行等八部委联合印发《上海市、南京市、杭州市、合肥市、嘉兴市建设科创金融改革试验区总体方案》；2023年6月，国务院常务会议审议通过《加大力度支持科技型企业融资行动方案》；2024年1月，金融监管总局发布《关于加强科技型企业全生命周期金融服务的通知》。这些政策都旨在把更多金融资源用于促进科技创新，不断提升金融支持科技型企业质效，推动创新链产业链资金链人才链深度融合，促进"科技—产业—金融"良性循环。

资料来源：作者根据相关资料整理。

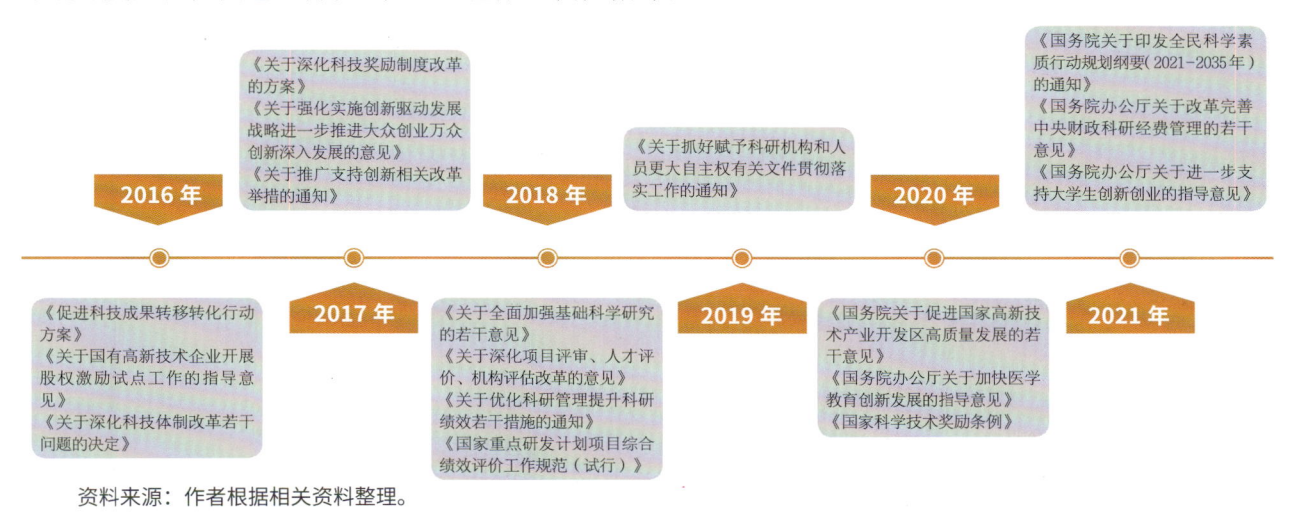

图2-1　2016年起国家层面支持科技创新部分政策文件

2. 产业层面

科创金融的本质，在于通过金融供给，培育具有高科技含量的战略新兴产业和未来产业来加快形成新质生产力，为经济发展提供新动能。因此，金融供给要坚持面向世界科技前沿、面向经济主战场、面向国家重大需求，积极服务于符合国家战略、突破关键核心技术、市场认可度高的科技创新企业，促进科技创新能力突出、主要依靠核心技术开展生产经营、具有稳定的商业模式、社会形象良好、具有较强成长性企业的发展。2018年11月7日，国家统计局正式公布了《战略性新兴产业分类（2018）》，列出了中国认为的战略性新兴产业，这包括新一代信息技术产业、高端装备制造产业、新材料产业、生物产业、新能源汽车产业、新能源产业、节能环保产业、数字创意产业、相关服务业九大产业（见图2-2），这批产业将在未来构成经济发展的核心动力，是国家经济质量提升的关键领域。2024年1月，工信部、教育部等7部门联合印发《关于推动未来产业创新发展的实施意见》，提出把握全球科技创新和产业发展趋势，重点推进未来制造、未来信息、未来材料、未来能源、未来空间和未来健康六大方向产业发展，以此推动创新标志性产品，比如人形机器人、量子计算机、6G 网络通信、超高速列车、下一代大飞机、绿色智能船舶、无人船艇等高端装备产品。

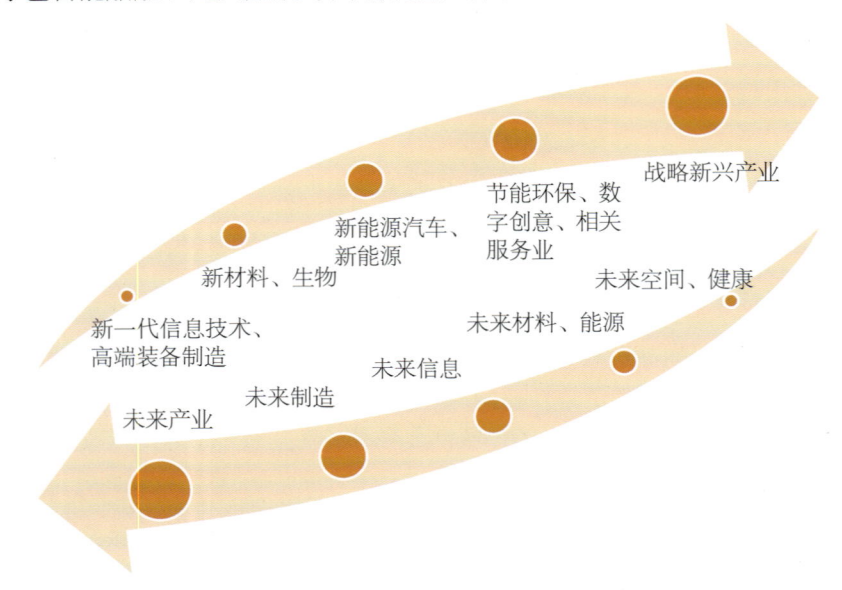

资料来源：《战略性新兴产业分类（2018）》。

图 2-2 战略新兴产业和未来产业

科创金融面向科技型企业提供综合化、生态化金融服务的运作模式，促进战略性新兴产业、未来产业深度融合，助力新质生产力，推动新型工业化，已经成为国家、地区实现创新驱动发展战略的重要抓手。

3. 金融生态层面

建设科创金融生态，汇聚相关行业优势资源，通过机构之间的紧密协作共同扶持科创企业发展，同时形成风险共担机制，是现阶段做好科技金融首篇大文章的有效途径。因此科创金融不仅是金融工具，更是政、产、园、研、银等各类主体相互作用形成的制度安排、服务体系和协同机制。围绕科技企业核心需求，商业银行可以推进与政府、产业园、孵化器的常态化联系与合作，构建合力赋能的政策扶持生态圈；商业银行、券商与会计师事务所、律师事务所等专业机构通过优势互补，构建协同共进的专业服务生态圈；商业银行与创投机构、政府引导基金等通过加强联合，构建股权链接生态圈；等等（见图 2-3）。

因此，在这里科创金融的内涵远远不止"帮助科技型中小企业融资"那么简单，更不能局限在"银行金融服务创新"这一点间接融资上的突破，而是要覆盖到科技创新的"全生态环境"的服务和支持，提供更加多元化的融资渠道和合作机构。

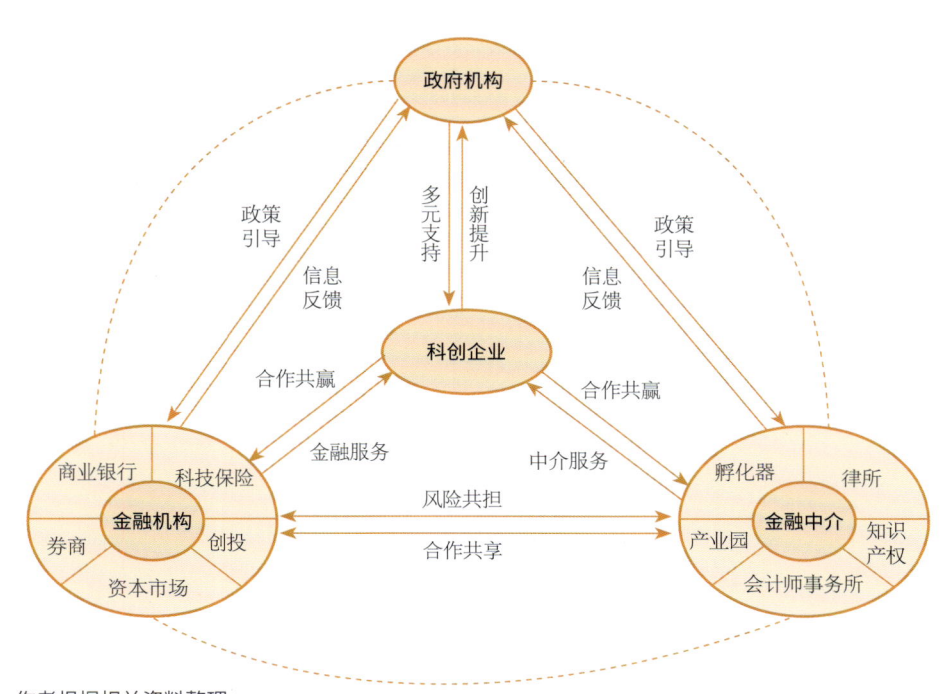

图 2-3 科创金融生态圈主要参与方

资料来源：作者根据相关资料整理。

4. 企业生命周期层面

企业成长有不同的阶段特征和发展规律，为此，马森·海尔瑞的研究中涉及了生命周期理论，并以此为研究观点来研究企业问题，认为企业具备生命有机体的成长曲线和生长周期。已有学者依据不同的标准，将企业的成长与发展阶段划分为三到十个阶段不等。例如，史密斯将企业成长阶段划分为初创期、高成长期、成熟期；奎因和卡梅隆将企业成长阶段划分为创业阶段、整合阶段、正规化与控制阶段、结构精细化与适应阶段四个阶段；尼尔将企业成长阶段划分为创业、生存、成长、起飞、成熟五个阶段；艾德兹将企业成长阶段划分为三个阶段十个时期。虽然这些划分看起来很繁杂，但每一种都遵循企业生命周期的规律，划分的阶段都有其对应的特征。

基于企业生命周期理论，我们尝试将科创企业发展周期划分为七个不同的阶段，每个阶段的科创企业在融资需求方面均有所不同（见图2-4）。在种子期、初创期两个阶段的科创企业更多需要天使投资、政策性科技信贷，处于成长期三个阶段的科创企业则更多需要风险投资和多元化的银行信贷产品，包括金融租赁、供应链金融等。随着科创企业走向成熟期，将逐步增加上市IPO、收并购、科创债、科创票据、投资规划等方面的需求。通常情况下，股权资本、债权资本和公众资本三者比例关系构成了科技企业的融资结构。三种资本分别在科技企业的不同生命发展阶段中都发挥着重要作用。

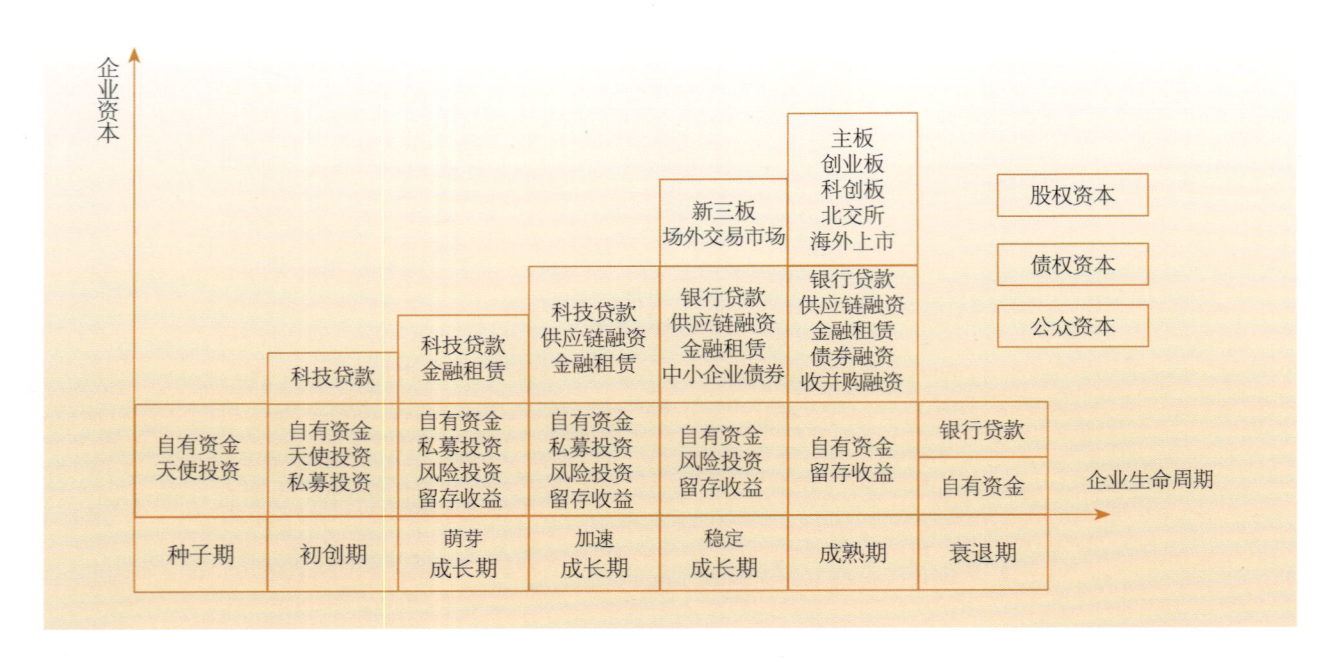

图 2-4　科创企业生命周期表与资本运用

资料来源：作者根据相关资料整理。

科技创新和产业化发展在不同阶段、不同领域的科创收益特性、风险特征不同，决定了科创金融并不是几种手段或几个产品，而是需要提供一套科技创新和产业化全生命周期的金融综合服务方案。

5. 梯度培育层面

科创金融主要作用于科技型企业及科创产业（战略新兴产业和未来产业）。企业梯度培育体系，为金融机构服务科创企业提供了"灯塔"式指引，经过政府、金融机构、券商、创投的层层遴选，企业的科创属性和发展能力得到多重检验，资质日趋优良，其生存力、发展力和成长性不断增强。

工业和信息化部于2022年印发了《优质中小企业梯度培育管理暂行办法》，将不同梯度企业的评价主体、标准、管理原则、培育思路进一步明确，形成了系统的梯度培育方案。创新型中小企业、专精特新中小企业、专精特新"小巨人"企业是优质中小企业培育的三个层次，共同构成梯度培育体系。根据工业和信息化部2023年最新数据，全国已累计培育创新型中小企业21.5万家，专精特新中小企业9.8万家，专精特新"小巨人"企业1.3万家，并呈现出快速增长趋势。按照《"十四五"促进中小企业发展规划》，至2025年，全国将推动形成一百万家创新型中小企业、十万家专精特新中小企业、一万家专精特新"小巨人"企业。

全国各级科技主管部门构建了由科技型中小企业、民营科技型企业、高新技术企业、瞪羚企业、独角兽（含培育）企业组成的科技型企业梯队和集群。截至2023年末，全国已入库的高新技术企业达到 46 万家，科技型中小企业达到 47 万家（见图 2-5）。金字塔结构的培育体系为国内科技创新提供源源不断的动力（见图 2-6）。

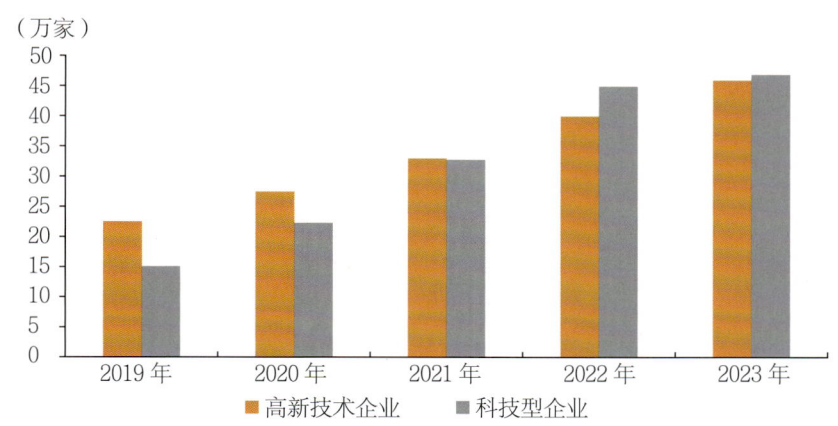

资料来源：科技部火炬中心。

图 2-5　2019-2023 年高新技术企业和科技型中小企业数量

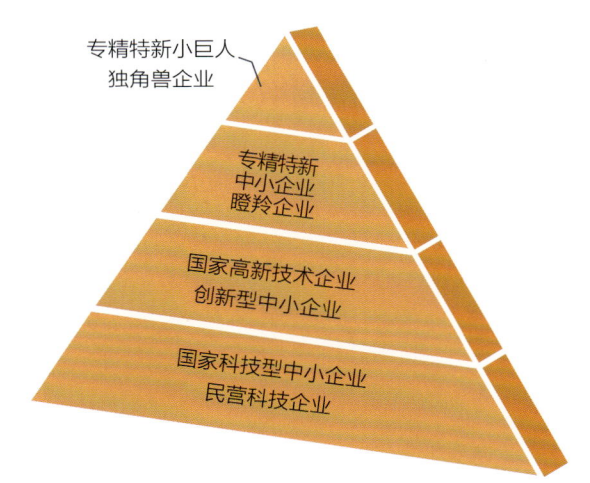

资料来源：作者根据相关资料整理。

图 2-6　国内金字塔结构的科创企业培育体系

综上所述，我们认为目前科创金融主要具有以下三大特点：

第一，科创金融是一套完整的投融资体系，包括引导基金、天使投资、创业投资、S 基金、保险、融资租赁、票据、信贷、债券、股票、期权等；

第二，科创金融是一个持续创新和不断完善金融政策和制度的过程，包含产业政策、货币工具、财政工具、信贷政策、监管制度等；

第三，科创金融是针对科技型企业的生命周期和生态环境，提供跨界金融生态服务的一种创新模式，包括金融平台信息交互、金融机构产品创新、金融中介资源整合等。

二、国内外发展现状

（一）国外发展情况

国外对科创金融的研究，实践多于理论，因其金融市场和现代工业起步较早，出现了非常丰富的金融工具，模式已经相对成熟，欧美日等国家基本上建立了比较完整的资金支持体系。

美国科创金融模式与创业风险投资联系比较紧密，体现出政府引导与市场主导模式相结合的特点，具有鲜明的资本市场主导模式。美国的高新技术企业中，超过九成都属于中小企业，这些企业在美国新经济增长中起到了重要作用，推动了信息产业、生物工程、航天航空等多领域的发展。美国的中小企业融资成本较高，超过一半的高科技企业都表示曾在融资方面遭遇过困难。在美国，高科技型创业资本主要来源于以下几个方面：个人积蓄、亲友借款、银行贷款、金融机构借款、发行股票债券、政府拨款等。其中，企业营运资本主要来源于银行贷款。美国政府很早就意识到了中小型科技企业的重要性，20世纪50年代，政府通过立法、机构设置、补贴、税收等多种方式对这类企业进行引导和扶持。在立法方面，1953年，政府颁布了《中小企业法》，后又颁布了《中小型企业投资法》；在专业机构方面，美国政府根据上述两部法律，先后成立了美国中小企业管理局（SBA）和小企业投资公司（SBIC）；同时，美国政府还设置了私有金融机构、美国新市场风险投资（NMVC）计划、美国进出口银行以及纳斯达克市场（NASDAQ）。在财政补贴方面，美国出台了"小企业创新研究计划"（SBIR），用以对企业研发给予补贴。除了多种税收优惠措施以及贷款援助外，美国政府还为中小型科技企业提供了多种服务支持体系，包括法律、人力资源培训、信息化和技术创新等。美国还拥有全球最发达的资本市场。主板市场纽约证券交易所（NYSE）已有两百多年的历史，该交易所主要为处于成熟期的科技型企业提供融资。二板市场主要包括美国证券交易所（AMEX）和纳斯达克市场。相对于主板市场，纳斯达克市场的融资环境相对宽松，特别适合中小型科技企业，为美国的风险投资提供了重要的退出机制。

美国硅谷银行（Silicon Valley Bank）是硅谷最早开展相关业务的银行，长期被视为银行服务科创的典范。硅谷银行的目标客群来自"创投圈"，包括高成长的中小型科创企业、风险投资（VC）与私募股权投资（PE）公司以及相关行业从业人员等。硅谷银行最具特色、影响力和知名度的是其"投贷联动"的业务模式，主要包括认股权贷款和PE/VC机构贷款。前者是向初创期或成长期的科技型企业提供信贷，并获得"认股权证"，以未来股权升值带来的溢价抵补贷款违约风险。后者则来自面临短期流动性紧缺的PE/VC机构，其将合伙人承诺转入的资金作为担保，向银行申请"资本招款信贷"（Capital

Call Lines of Credit），以及时履行对企业的出资承诺。

虽然硅谷银行采取了"投贷联动"模式，在为科创企业提供信贷支持的同时，形成了直接或间接的股权投资关系，但相关收益并未构成主要收入来源，这些业务也不会改变硅谷银行的商业银行本质。可以说，硅谷银行是通过投资、集群等多种复合路径拓宽了商业银行业务，以生态圈模式延展了商业银行职能，它的成功不仅源于灵活创新地引入投资思维，更在于深度理解、适应和贴合科创企业不同成长阶段的特点，通过广泛链接行业内外的资源，成功打造了科创金融的集聚区和生态圈。这种模式可以满足科创企业长周期和多方面的、不仅限于存贷款的需求。

硅谷银行集团内部业务条线构成了全球对公银行、硅谷资本、硅谷投资银行、硅谷私人银行的"四轮驱动"，其所搭建的科创金融生态网络实现了商业银行、投资公司、科创企业及其员工的繁荣共生。对于科创企业而言，硅谷银行能够满足其全生命周期的金融需求，依托硅谷银行的资源网络，企业还可以更充分地与其他企业及投资机构进行沟通合作，加速融入资本市场。对于投资公司而言，加入科创金融生态圈可以吸引更多优质科创企业，扩大公司的投资规模和领域；其投资的企业由于获得银行信贷等支持，经营稳定性和盈利能力提高，公司股权投资的成功率、回报率和稳健性随之上升。对于硅谷银行而言，股权投资与债权投资相结合的金融生态既降低了银行信用风险，又共享了企业成长收益；同时，其与投资机构和科创企业的紧密合作也拓展了客户基础，增强了客户黏性，实现了极高的市场占有率和出色的净资产收益率。此外，通过开展私人银行业务，硅谷银行还链接了科技企业和创投基金的高管、技术骨干等高净值客户，进一步掌握了投资资金流信息，降低了信用风险。

2023年3月，硅谷银行的倒闭事件震惊了全球金融市场，引发了业界对其科创金融模式的质疑。然而，"投贷联动"与科创金融并非此次危机发生的原因，相反，正是由于硅谷银行近年来偏离了具有优势的科创金融业务，转向了并不擅长的金融投资领域，流动性管理出现严重失误，才导致风险不断累积，最终无法有效应对美联储激进加息等外部环境的冲击。虽然硅谷银行已经成为历史，但其建设科创金融生态建设的成功经验仍然值得借鉴。

德国的科创金融具有明显的政府与银行主导相结合的特点。德国十分重视精英型中小型科技企业，甚至将促进这类企业的发展作为基本国策。事实证明，中小型科技企业为德国的经济发展作出了重大的贡献。它们提供了德国约80%的工作机会，创造了约75%的国内生产总值（GDP）。德国政府通过立法、设置机构、财政补贴、税收等多种方式对中小型科技企业进行扶持和引导。银行主导型金融体系是德国发展科技金融的中坚力量，国内三家银行（德意志银行、德累斯顿银行和德国商业银行）几乎掌控了整个德国企业的金融资源配置，同时这三家银行也积极参与风险投资市场的活动。正是由于银行业的发达，中小企业的长期融资几乎全部来源于银行信贷，进行股权融资的意愿不强，所以风险投资市场和创业板发展得较为缓慢。1975年，德国政府与29家德国银行共同设立WFG基金，为中小企业科技创新提供风险资本，政府承担WFG基金75%的损失，并允许企业以成本价加合适的利润回购企业。

日本政府历来对中小型科技企业发展的重视程度很高，对其的支持力度也很大。日本早在1948年就成立了中小企业厅（中小企业最高管理机构），并在全国设立中小企业局。与其他国家不同的是，日本政府将《中小企业法》作为基本法发布和实施，同时明确地将中小企业发展纳入日本总体产业政策层面。与其他发达经济体一样，日本还采取了一系列政策措施，如财政税收、机构建设、基金组织建构等。日本政府在科创金融方面的作用模式主要体现在两个方面：一是建立政策性金融机构，为科技型中小企业提供债务融资；二是建立政策性担保机构，为中小型科技企业提供信用担保支持。日本政府主要以财政资金为资本来源，建立了国民生活金融公库、中小企业融资公库、商工组合中央金库三家政策性机构，负责向中小企业提供优惠利率商业贷款。同时，日本政府出资设立信用担保协会和中小企业综合事业团两个担保机构，以公用资金为主要资本。中小企业在向银行申请贷款的同时可以向信用担保协会申请担保。通过融资承担与保险制度，中小企业可以以优惠的市场利率获得政策性贷款之外的商业贷款。

从国外的科创金融发展模式，可以总结出以下发展经验：一是重视科创金融系统化和体系化对科技创新的促进作用，特别注重金融体系对科技创新的系统化推动作用，要求政策、措施、项目配合形成合力。二是重视解决金融在支持科技创新中容易出现的市场失败问题。国外科技金融之所以能够在促进科技创新中取得成功，是因为在当地环境下，有效解决了科技创新中的市场失败问题。三是重视科技创新商业化在不同阶段呈现出的不同科技金融需求。国外完备的科创金融体系具备的优势就是因势利导、因需而变，能够针对不同科技创新在商业化中的不同特性、不同阶段，提供个性化、针对性强的金融服务。

疫情以来，国外科创金融也面临诸多挑战。2021年，全球科创支出以5.2%的速度强劲增长，接近2019年疫情前的增长水平；企业研发强劲增长7%，已达2014年后的峰值。在经历了2021年的增长之后，全球与科技相关的研发、风险投资（VC）交易和专利申请活动仍持续活跃，如2022年德国、韩国和日本等国家加大科创工作实际预算；全球研发支出最高的公司其研发支出已达到1.1万亿美元，创历史新高；风险投资交易数量仍增长了17.6%。但全球科创情况并不喜闻乐见，支出增长率较2021年明显下降，VC总价值大幅下降近40%，国际专利申请增长速率仅有0.3%。

从全球创新指数（Global Innovation Index，GII）来看，美国、巴西、瑞士、南非、以色列、印度和新加坡分别是各地区创新指数排名之首，在东亚地区，中国排在新加坡和韩国之后，位列第三。从全球创新指数来看，中国位列亚洲第三位。

（二）国内科创金融发展回顾

从1985年首笔科技贷款算起，科创金融作为一个鲜见的中国本土创新产物，已经存在并发展了近40年。国内科创金融的理论研究始于2010年，房汉廷（2010）从理论、实践和政策三个维度，诠释了科技金融发展中存在的问题，明确科技金融是科技创新活动与金融创新活动的深度融合，是由科技创新活动引发的一系列金融创新行为。龙云安、李泽明（2012）论述了科技与金融结合的利润机制、竞争机制、市场机制，并以案例验证分析了科技金融发展滞后现状以及相关机制的不足。姚永玲、王翰阳（2015）实证检验了科技创新与金融资本依托市场机制形成共赢关系，而以信贷为主体的金融体系则与科技创新没有同步性。张明喜等（2018）认为经过30多年发展，国内科技金融已逐渐形成了科技支行、科技保险、风险投资、多层次资本市场等多渠道、全方位、多视角的科技金融体系。中国光大集团课题组（2023）综合评述了科创金融改革试验区市场化推进、生态化建设、制度化探索等改革措施，并提出了政策建议。这些研究表明，国内学术界对科创金融认识在不断提升。

从国内科创金融实践的起步、探索与发展脉络概括地讲，1985年至2023年，中国的科创金融可以归纳为四个时期，即起步期、探索期、快速发展期、高质量发展期（见图2-7）。

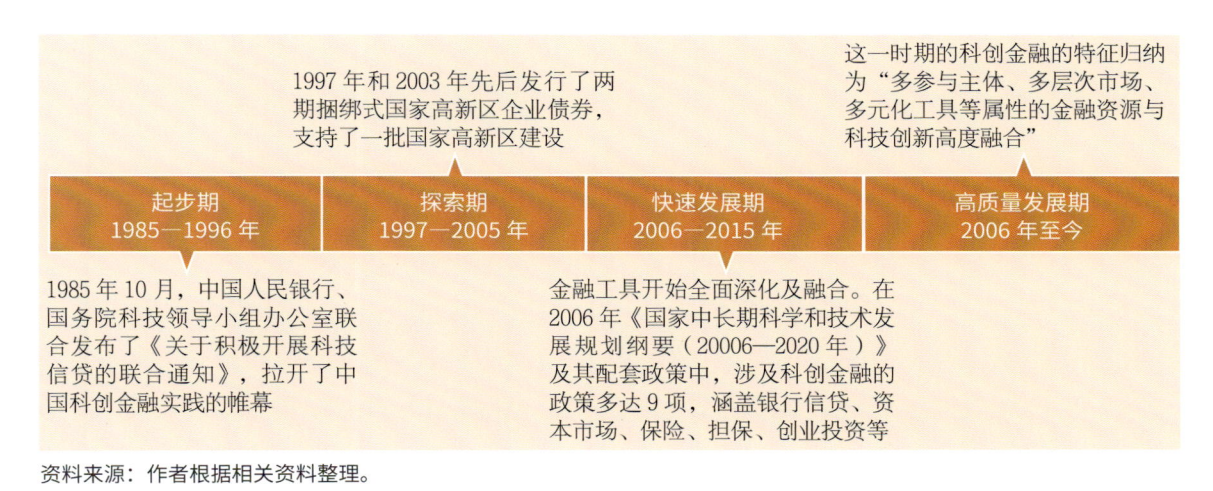

起步期 1985—1996年	探索期 1997—2005年	快速发展期 2006—2015年	高质量发展期 2006年至今
1985年10月，中国人民银行、国务院科技领导小组办公室联合发布了《关于积极开展科技信贷的联合通知》，拉开了中国科创金融实践的帷幕	1997年和2003年先后发行了两期捆绑式国家高新区企业债券，支持了一批国家高新区建设	金融工具开始全面深化及融合。在2006年《国家中长期科学和技术发展规划纲要（20006—2020年）》及其配套政策中，涉及科创金融的政策多达9项，涵盖银行信贷、资本市场、保险、担保、创业投资等	这一时期的科创金融的特征归纳为"多参与主体、多层次市场、多元化工具等属性的金融资源与科技创新高度融合"

资料来源：作者根据相关资料整理。

图2-7 我国科创金融发展时期

近年来，我国科创金融逐渐步入高质量发展期，主要体现在以下四个方面：

一是银行业逐渐成为科创金融的"主力军"。近年来，诸多商业银行努力开发专属科技信贷产品，创新专营信贷体系，设立专营机构和服务团队，实现差异性、定制化产品支持与服务。据国家金融监督管理总局统计，截至2023年，我国已设立科技特色支行、科技金融专营机构超1 000家。根据中国人民银行发布的数据，高技术制造业中长期贷款和科技型中小企业贷款余额的同比增速均处于较高水平。截至2023年末，科技型中小企业本外币贷款余额2.45万亿元，同比增长21.9%，比同期各项贷款增速高11.8个百分点；高新技术企业本外币贷款余额13.64万亿元，同比增长15.3%，比同期各项贷款增速高5.2个百分点；全国"专精特新"企业贷款余额为2.72万亿元，同比增长20.4%，连续3年保持20%以上的增速。此外，2024年1月，中国人民银行发布的《2023年金融机构贷款投向统计报告》显示，2023年末，获得贷款支持的科技型中小企业共21.2万家，获贷率46.8%，比上年末高2.1个百分点；获得贷款支持

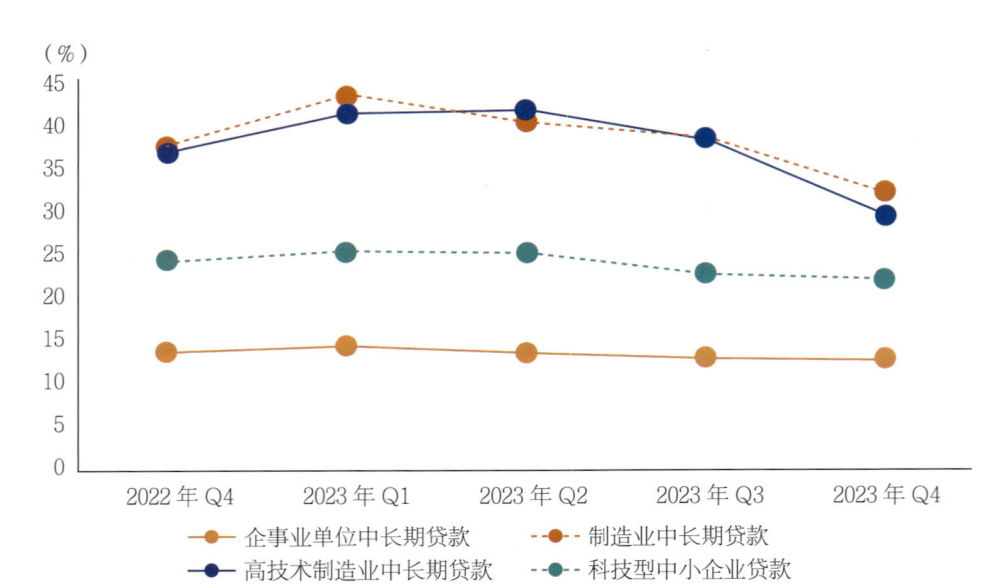

的高新技术企业共 21.75 万家，获贷率为 54.2%，比上年末高 0.8 个百分点（见图 2-8）。

资料来源：中国人民银行官方网站。

图 2-8　金融机构部分贷款余额同比

二是资本市场成为科创金融的"生力军"。近年来资本市场注册制改革不断深化，依托科创板、创业板、北京证券交易所等在内的多层次服务体系，持续加大对科技企业与科技创新的支持力度。根据工业和信息化部发布的数据，截至 2023 年，累计已有 1 600 多家"专精特新"中小企业在 A 股上市，占 A 股全部上市企业数量的 30% 以上；2023 年新上市企业中，60% 都是"专精特新"中小企业。另外，银行间市场和交易所还推出科创票据、科创公司债等债券产品，以拓宽科技型企业融资渠道。根据中国人民银行统计，截至 2023 年 6 月末，科创票据、科创公司债余额约 4 500 亿元，其中，科技型企业发行科创票据的余额达到了 2 264 亿元，科技创新公司债券的余额达到了 2 258 亿元；创业投资和私募股权投资基金管理规模近 14 万亿元。这些数据均有力支持了科技企业的多元化风险融资需求。

三是科技保险助力科技企业风险管理。2021 年 11 月，原中国银保监会印发的《关于银行业保险业支持高水平科技自立自强的指导意见》，要求保险机构强化科技保险保障作用及强化科技保险服务。据不完全统计，目前我国已有数十个科技保险险种，覆盖科技企业产品研发、知识产权保护、贷款保证、关键研发人员健康和意外风险保障等多个方面。同时，鼓励保险资金对接科技企业融资，也是实现保险与科技共赢的重要环节。如根据 2023 年 9 月国家金融监督管理总局发布的《关于优化保险公司偿付能力监管标准的通知》可知，对于保险公司投资国家战略性新兴产业未上市公司股权，风险因子（即保险公司投资和经营业务的资本占用，下调风险因子，意味着保险公司可以进行更多投资）应为 0.4；科技保险适用财产险风险因子计量最低资本，按照 90% 计算偿付能力充足率。

四是科创金融政策探索与改革试点不断深入（见表 2-1）。2016 年，国务院印发了《"十三五"国家科技创新规划》的通知，在"十三五"规划中，"科技金融"开始被广泛提及，对我国科创金融机制与科技金融体系进行了完善。规划提出以后，一系列国家及地方政策都开始围绕着调整经济结构、促进经济转型、创新银行及各类金融机构支持科技型企业的方式等举措进行深化。比如2024年1月最新提出的《关于加强科技型企业全生命周期金融服务的通知》，要求持续深化金融供给侧结构性改革，把更多金融资源用于促进科技创新，强化企业科技创新主体地位。同时支持科技资源集聚，在基础条件较好的地区设立科创金融改革试验区，推动完善地方科创金融政策配套。又如2021年批准济南建设全国首个科创金融改革创新试验区，2022年与2023年又划定上海、南京、杭州、合肥、嘉兴"长三角五市"与北京中关村建设科创金融改革试验区；当前，深圳、广州、成都等一批城市也正积极申请建设新一批科创金融改革试验区。科技型企业跨境融资便利进一步深化，主要包括：稳步推广跨境融资便利化试点政策，允许中小高新技术企业在一定额度内自主借用外债，推进合格境外有限合伙人外汇管理试点，鼓励和引导外资通过私募股权基金参与投资境内科技型企业。

表 2-1　　2016 年起国家层面科创金融部分政策文件

时间	会议/文件	主要内容
2016年4月	《关于支持银行业金融机构加大创新力度开展科创企业投贷联动试点的指导意见》	鼓励和指导银行业金融机构开展投贷联动业务试点
2016年5月	《促进科技成果转移转化行动方案》	围绕激发创新主体积极性、构建支撑服务体系、完善创新要素配置等，部署了8个方面、26项重点任务
2019年1月	《关于在上海证券交易所设立科创板并试点注册制的实施意见》	设立科创板并试点注册制
2021年11月	《山东省济南市建设科创金融改革试验区总体方案》	建设全国首个科创金融改革创新试验区
2021年11月	《中国银保监会关于银行业保险业支持高水平科技自立自强的指导意见》	推动银行业保险业优化科技金融服务
2022年11月	《上海市、南京市、杭州市、合肥市、嘉兴市建设科创金融改革试验区总体方案》	加大试点城市金融支持创新力度
2023年5月	《北京市中关村国家自主创新示范区建设科创金融改革试验区总体方案》	设立中关村科创金融改革创新试验区
2023年6月	《加大力度支持科技型企业融资行动方案》	支持初创期科技型企业，加快形成以股权投资为主、"股贷债保"联动的金融服务支撑体系
2024年1月	《关于加强科技型企业全生命周期金融服务的通知》	持续深化科技金融组织管理机制建设、形成科技型企业全生命周期金融服务

资料来源：根据相关资料整理。

综上所述，尽管当前全球面临较为严峻的经济下行周期形势，全球经济和生活持续遭受不稳定的破坏，如国际供应链中断、普遍且异常高的通货膨胀和武装冲突，无疑为经济复苏和创新带来了压力。但全球科创研发活动仍持续活跃，保持正向增长，全球科创金融依然保持相对较好的发展局面。与此同时，我国科技创新水平不断大幅提升，科技实力正在从量的积累迈向质的飞跃。但我们也看到，我国建设科技强国之路还很长，不能忽视重大原始创新偏少、基础研究相对薄弱、科技领军人才欠缺等实际情况，我国科技创新能力还不能完全适应构建新发展格局的要求。

2024年政府工作报告提出："大力推进现代化产业体系建设，加快发展新质生产力。充分发挥创新主导作用，以科技创新推动产业创新，加快推进新型工业化，提高全要素生产率，不断塑造发展新动能新优势，促进社会生产力实现新的跃升。"

随着新质生产力发展纳入2024年政府工作报告的核心要点。新质生产力有望以战略性新兴产业和未来产业为主阵地，以高科技、高效能以及高质量为三条发展主线，达成全要素生产率大幅提升的目的，进而推动新一轮科技创新、产业创新。因此我国金融业大力发展科创金融正当时，未来将助力完善国家科技创新体系，朝着更加高质量、多元化和服务科技创新的方向不断前进，为建设科技强国、发展新质生产力发挥应有的作用。

三、科创金融存在问题与挑战

我国金融支持科技创新取得了明显进展，但受金融结构和文化的深层次影响，间接融资仍处于主导地位，募、投、贷、管、退各环节金融服务板块较为分散，造成科创金融服务体系不健全，这是科创金融发展面临的核心矛盾。

从科创企业成长周期分析，在科技成果产业化过程中，直接融资中创业投资是科创金融的起点，主要解决创新性研发投入和技术产品化的资金需求，实现技术价值；而间接融资，这里主要指银行信贷，是加速器，主要解决产品生产、流通资金需求，实现产品价值。与发达国家相比，我国现行金融支持体系尚无法完全适应科技创新发展的现实必要，目前面临的矛盾与挑战也主要来自直接融资和间接融资。

（一）社会融资模式与科创企业融资需求之间的矛盾

经过多年发展，我国金融支持科技创新的多元化融资体系正在逐步形成。但是，现有的金融市场、产品、金融工具仍难以满足科技创新高风险、高收益和超前性的体征需求，科创企业金融资源获取渠道还是以间接融资为主，不仅规模不足而且方式相对单一，尚未形成多渠道跨界金融服务体系。

目前，在国内融资体系中，传统信贷和债券等间接融资占比接近90%，并且银行、券商、保险等主要金融机构的业务和监管界限较为清晰。2023年全国金融机构新增各项贷款投放22.75万亿元，而股权投资新增仅为6 928亿元。同时，间接融资为主的融资模式跟科技型企业融资需求还存在一定的错位，对于不同生命周期的科技企业融资服务需求的满足存在明显差异。

从信贷结构来看，2023年末，金融机构人民币各项贷款余额237.59万亿元，科技型中小企业人民币各项贷款余额2.45万亿元，科技型中小企业各项贷款占比仅为1.03%。若是从以直接融资为代表的资本市场角度来看，我国分别于2009年和2018年设立创业板和科创板，针对科创型中小企业的资本市场制度发展时间较短，在科技型中小企业融资方式中占比不高。国内真正形成规模效应的、可称为"独角兽"的科创板上市公司市值只占资本市场总市值的不到10%，而美国独角兽公司股票市值约占美股总市值的30%左右。

由此可见，国内金融机构对科技企业的间接融资供给仍显不足；我国直接融资支持科技企业与科技创新的空间还未充分打开，股权投资特别是创业投资资金供给不足，造成了科创企业能够获得直接融资的比例覆盖面极小。

（二）金融机构面临可持续经营与承担科创风险的矛盾

金融机构的经营活动追求的是本金安全和投资收益的确定性，这在以商业银行传统信贷为代表的间接融资模式中尤为突出。

在我国金融体系中，商业银行还处于主导地位，所以科技创新不能没有、实际上也离不开商业银行的大力支持。但在间接融资项下的传统信贷受制于商业银行的风险标准、严格监管要求等，需要每一笔信贷资金都要收回，难以做到关注长期回报。另外，科技创新产业化失败的信贷风险均由商业银行承担，且即使成功实现产业化，商业银行也仍然只能收取固定利息，无法享有科技企业高速成长带来的红利。

我国目前的科技创新服务的政策性金融体系尚不健全，地区差异较大，企业信用评价机制还有待完善。商业银行科创金融的盈利模式仍为利差收入为主，在利率市场化和商业银行减费让利的政策背景下，科创企业融资利率水平长期以来处于相对低位，再加上科创企业失败风险大，导致商业银行在对于科创企业的支持上趋于谨慎，动力不足。因此，既要稳健可持续经营又能承担科技创新风险是金融机构特别是商业银行面临的现实挑战。

（三）资本市场面临长期投资与短期收益之间的矛盾

资本市场具有风险分散分担功能，即通过市场化的运作将科技创新的高风险借助高回报机制将社会投资人分散。美国科技型中小企业的创新能力之所以走在世界前列，与发达的资本市场不无关系。前些年我国大量的科技型企业到海外上市，科创板设立以来深耕硬科技，使我国资本市场基础制度进一步健全。但是部分科创领域研发周期长、见效速度慢，如创新药、高端芯片设备等领域，其科技创新需要长期的投资支持。我国中长期资金在资本市场中的占比仍显不足，"耐心资本"严重缺乏。目前，中长期资金持股占比不足6%，远低于境外成熟市场普遍超过20%的水平，已成为制约资本市场高质量发展的重要问题。

与成熟资本市场相比，我国资本市场注册制落实不够、资产规模和盈利水平等财务要求偏高；上市公司并购和再融资流程较长；现行的转板机制不够流畅，科创企业通过升板进入更高市场融资的需求受到一定程度的抑制；区域性股权交易市场还未实现跨地区互联互通，科技中小企业融资局限于本地区，融资渠道、规模和市场活力受到一定限制；外资持有我国股票和债券的比重相对较低，外资金融机构在我国展业范围仍存在一定限制，进入我国资本市场动力不足。

另外，受复杂的外部环境影响，2023年我国股权投资市场整体延续下行态势（见图2-9）。募资方面，新募集基金数量和总规模分别为6 980只、人民币18 244.71亿元，同比下滑1.1%、15.5%；其中外币基金数量和规模仍呈紧缩态势，2023年新募集外币基金共计77只，募资规模约为人民币1 088.70亿元，同比降幅分别达32.5%、56.4%。投资方面，2023年投资市场共发生案例数9 388起，同比下滑11.8%；披露投资金额6 928.26亿元，同比下滑23.7%。退出方面，2023年中国股权投资市场共发生3 946笔退出，同比下降9.6%。在沪深两市新股发行阶段性放缓背景下，被投企业A股IPO案例数共计1 348笔，同比下降38.3%。全年回报方面，中企境内外市场的平均发行回报倍数同步下调，超额回报案例明显减少。

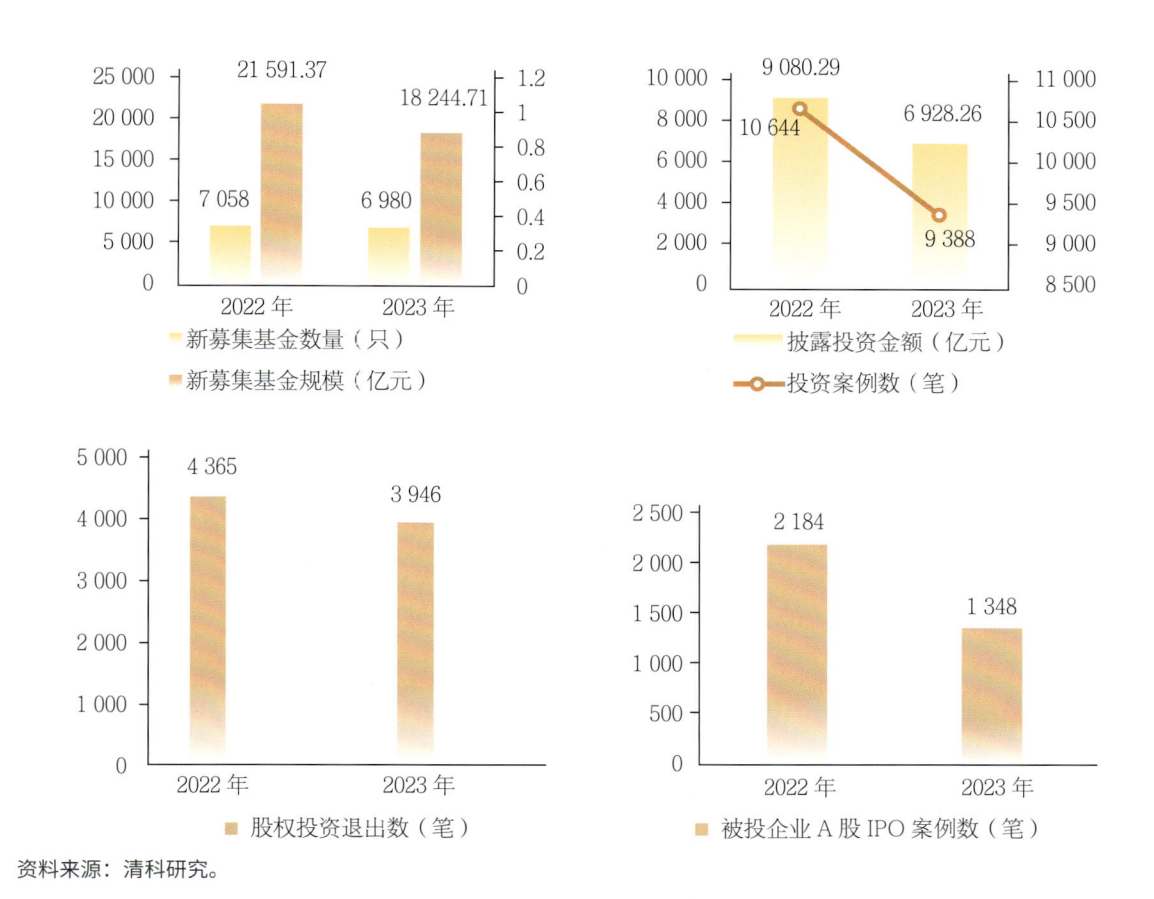

图 2-9　2022-2023 年中国投资情况

（四）创业投资面临需求大与供给不足之间的矛盾

创业投资与银行信贷是科创金融不可或缺的两个轮子，与科技创新特点相匹配的创业投资，是分担初创期科创风险的有效工具。

创业投资在科创企业融资市场上是关键因素。一是基于创投和银行风险偏好的差异，能够对早期科创企业的融资形成补充；二是创投能够吸收金融风险，与银行的主要资金来源——存款不同，创投的资金主要来源于具有较大风险承受能力的 LP，投资失败是吸收了金融风险。现行监管体系侧重于机构监管，对创投、银行、保险、券商等不同金融机构从事的同类业务，监管政策存在较大差异，缺乏基于科创金融的功能性监管政策顶层设计，因此创投募资难、理财资金、保险资金出资难同时存在。

在美国，基本上 70% 项目依靠直接融资，而中国市场只有 30% 的比例是依靠直接融资，中美投资金额差距较大。2023 年中国投资金额仅为美国的 12%，投资金额与募资金额较 2022 年同比下降 23.7%、15.5%。此外，国内创业投资仍以引导母基金的模式为主，绩效考核体系不健全，在国有资产保值增值的政策导向下，部分引导基金要求不能出现亏损，由此导致的结果是，政府引导基金的投资决策比社会资本更为保守，为规避损失而出现的资金沉淀现象普遍存在。

从科创企业角度出发，在初创期和成长期最需要的是创业投资资金投入，但由于投资者信心不足、政策环境影响、一级市场股权融资渠道狭窄、供需不平衡等问题使得融资的价格和条件更加不利于企业，增加了企业寻求股权融资的难度。目前国内市场专注于投资中小科创企业的市场化创投机构极少，管理的基金规模不足；保险、信托、证券等法规允许开展股权投资的持牌金融机构大多不涉足早期风险投资；政策性国有创投机构近些年有所增长，但仍以引导母基金的模式为主，且内部激励约束机制不健全，企业覆盖面仍然有限。因此目前供需矛盾尤为突出。

四、未来展望与战略建议

习近平总书记指出："要深化金融供给侧结构性改革，把更多金融资源配置到重点领域和薄弱环节，加快补齐县域、小微企业、新型农业经营主体等金融服务短板，促进普惠金融和绿色金融、科创金融等融合发展，提升政策精准度和有效性。"

从国内来看，我国已转向高质量发展阶段，支撑经济发展的条件正在发生变化，要素成本上升，传统发展动能有所减弱，必须培育新动力、新模式、新优势。因此，科技创新对经济发展的重要性更加凸显。从国际上来看，新一轮科技革命和产业变革加速推进，科技创新作为核心竞争力成为国家关注的焦点。我国多个领域如高端芯片、基础元器件等都存在"卡脖子"问题，亟须加快自主创新步伐。

我们认为未来很长一段时间，我国科技创新将迎来高速发展机遇。科技型企业属于国民经济体系中最活跃、最具创新能力的微观主体之一，更是形成新质生产力的重要动力。而金融是现代经济的血脉，是构建新发展格局、高质量发展的关键。在此背景下，金融着力支持科技创新、支持科技型企业发展，既有助于更好地支持实体经济发展，也有利于更好地融入国家新发展格局中。因此，科创金融领域是一片亟待开发的广阔市场，其发展不仅直接关系到科技型企业的发展，更关系到国家创新驱动发展战略和国民经济转型能否实现。其中加快构建多元化、全方位的金融支持科创服务体系，打造科创金融创新良好生态，"众人拾柴火焰高"，是进一步推动实现"科技—产业—金融"良性循环的重中之重，因此我们基于科创金融的发展历史以及上述的问题和挑战，提出以下几点建议。

（一）完善商业银行发展科创金融的服务体系

对于致力发展科创金融的商业银行，需要规划与科创金融发展配套的组织架构、网点布局、人才队伍、产品服务、授信审查评价、风险管控、考核评价、问责免责等机制。同时围绕科技企业需求"痛点"，积极联合创业投资，通过参加投贷联动试点，在一定范围内支持有条件的商业银行设立科创投资子公司，探索"信贷产品＋直接投资""信贷产品＋入股选择权"等模式；创新专属信贷产品，加大信用贷款和中长期贷款比例，有效满足科技创新主体中长期的金融需求；提高对专利、著作权、商标等轻资产的评估水平，与政府职能部门配合，建立知识产权大市场，通过引入外部专家、第三方知识产权评估公司等方式，提升轻资产评估专业能力和风险识别能力。

从监管角度给予商业银行科创金融更高的风险容忍度，明确科创类不良贷款的处置和核销政策，以及制定更切实可行的考评机制，并运用科技创新再贷款等结构性货币工具政策，实现政策性金融服务与商业性金融服务的有效配合。

（二）营造创投机构参与科创金融的生态环境

营造相对宽容的投资生态，出台差异化监管政策，优化政策类基金"投小投早"考核导向，减少过程干预，引导更多长期资金、社会资本参与创业投资市场，对于投资处于种子期、初创期的科技型企业的创投机构，给予相关税收优惠政策。

适当放宽长期资本入市的政策措施以支持养老、社保、保险等资金投资私募股权基金、创投基金，发挥好各级政府引导基金和国有资本作用，提高资金的使用效率；完善风险投资基础支持，增强股权流动性，设立省市级专业S基金，拓宽创业投资市场化退出渠道；积极推动基金法税收中性原则落地，探索研究以资本利得税取代增值税，提高我国创投市场吸引力。

（三）强化资本市场支持科创金融的基础制度

为科技创新提供金融支持，资本市场建设是最有利通道。拓宽这一通道的有效途径，不是简单地增多或扩大股票市场入口，而是显著增强现有股票市场的流动性，这是保证股市发展活力和市场定价机制的关键。

进一步健全完善资本市场基础制度，注重投融资动态平衡，大力提升上市公司质量和投资价值，放宽准入政策，有序引导中长期资金入市力度，增强市场内在稳定性。深入推进全面实行股票发行注册制改革，充分发挥主板、科创板、创业板和区域性产权交易市场功能，进一步完善转板机制设计，构建从场外到场内、从二板到主板、从创业板到科创板乃至不同交易所之间的转板机制，提高资本市场的资源配置功能和市场活跃程度。持续完善科技企业上市融资、债券发行、并购重组"绿色通道"，简化科创企业再融资流程，优化科技企业股权激励制度机制，适当提高轻资产科技型企业重组的估值包容性。

（四）发挥非银机构推动科创金融的辅助作用

非银金融机构助力科创金融的潜在市场较大，以金融中介、担保、保险、信托、金融租赁等为代表的非银金融机构，其投融资模式较商业银行更为市场化，在探索以金融生态支持科技企业的模式时，仍需要进一步明晰其路径。例如，设立专业知识产权评估机构，建立专业产权交易市场，引导评估、评级、会计、律师等金融中介机构介入科创金融领域；设立具备专业鉴定资质的、专门服务于科创金融的担保机构；信托公司可依托大数据和新技术，探索押品差异化管理、线上化管理和动态化管理新模式，提供动产和权利融资及相关信托金融和法律服务，探索开展知识产权信托、数据信托、数字供应链信托等新型权益管理与服务。又如，金融租赁可以将科技企业的专利等知识产权作为租赁物，探

索为技术密集型企业提供租赁服务，还可进一步创新"租投联动"模式，在协助科技企业融资的同时，与企业共担风险和共享收益。

（五）优化财税政策引导科创金融的功能机制

不管是资本市场主导还是商业银行主导的科创金融体系，政府在其中都发挥着至关重要的作用。政府通过创新制度供给，为科技金融服务提供政策支持，激发相关主体参与科技创新与金融服务的热情。

政府可以通过一种能激发企业自身创新动力的方法，对科技创新企业进行支持。比如，执行鼓励科技信贷的财政政策，适当增加科技贷款贴息，鼓励有条件的地区建立科技保险奖补机制和科技再保险制度，继续发挥科技再贷款作用，降低科技企业融资成本。又如，建立健全知识产权的评估和交易市场，充分发挥科技市场、产权市场的创新服务功能，促进科技企业核心"知产"的资本转化与价值实现。再如，建立健全风险分担机制，有效发挥政府性融资担保体系的增信、分险和引领功能，推动建立中央与地方风险共担、担保与保险有机结合的信用保证体系，着力解决市场的"风险规避"问题。

第三章

绿色金融与可持续发展

2020年9月，习近平主席在第七十五届联合国大会上发表重要讲话，宣布了中国"二氧化碳排放力争于2030年前达到峰值，努力争取2060年前实现碳中和"的目标，标志着中国对全球应对气候变化、推动绿色低碳发展的坚定决心。我国绿色金融与可持续发展应改变规则接受者的被动局面，积极主动地争取绿色金融、ESG信息披露、转型金融、碳规则制定的全球话语权，全面落实中央金融工作会议关于做好绿色金融大文章的精神。

近年来欧美发达国家加快构建绿色金融与可持续发展体系，不断强化政策激励与完善基础支持体系，尤其是在绿色债券、绿色银行、可持续资金、ESG信息披露、碳交易市场和碳金融方面成效显著。与国际绿色金融与可持续发展相比，当前我国无论是应对投融资"漂绿"、核心企业引领供应链企业披露ESG信息，抑或是应对"绿色通胀"、壮大碳市场、争夺全球碳规则制定的话语权等方面，均存在诸多问题。因此加快我国绿色金融与可持续发展势在必行。

一、概念与内涵

围绕金融支持经济绿色低碳转型，国内外从不同角度出发，提出了绿色金融、ESG（环境、社会、治理）投资、转型金融、气候金融、碳金融、可持续金融等一系列概念。这些概念既有交叉重合，又有内涵和外延上的差异。

可持续金融涵盖范围最广，除了环境议题，也关注社会和治理议题，比如消除贫困、债务可持续等议题，欧盟习惯使用可持续金融概念。气候金融主要为支持气候减缓和适应活动，同时关注发达国家向发展中国家气候资金转移，美国习惯使用气候金融概念。绿色金融在注重应对气候变化的同时，强调生物多样性、污染防治、水资源保护等生态环境问题，涵盖气候金融，是可持续金融在环境议题上的主体，包括我国在内的亚洲地区更多使用绿色金融。转型金融概念较新，强调棕色产业（高碳排放产业）的低碳转型，ESG投资更多偏向具体的市场投资实践，是促进绿色金融发展的重要途径。

国内关于绿色金融的概念，2016年中国人民银行等七部委发布的《关于构建绿色金融体系的指导意见》中的表述较为权威且被广泛使用。该文件将绿色金融定义为支持环境改善、应对气候变化和资源节约高效利用的经济活动，即对环保、节能、清洁能源、绿色交通、绿色建筑等领域的项目投融资、项目运营、风险管理等所提供的金融服务。同时，该文件将绿色金融体系定义为通过绿色信贷、绿色债券、绿色股票指数和相关产品、绿色发展基金、绿色保险、碳金融等金融工具和相关政策，支持经济向绿色转型的制度安排。

我国作为全球绿色金融的发起者和引领者，通过"自上而下"的政策推动和"自下而上"的市场实践相结合，形成了具有中国特色的绿色金融与可持续发展体系。经由多年实践，我国绿色金融与可持续发展已经涵盖部分ESG投资、转型金融、碳金融、气候金融、可持续金融等内容，因此本报告在使用绿色金融与可持续发展概念时将在人民银行定义的基础上，根据我国实际情况在广义范围内讨论绿色金融与可持续发展，部分涉及ESG投资、转型金融、碳金融、气候金融、可持续金融的内容将不再严格区分。

二、国内外绿色金融与可持续发展现状

（一）国外绿色金融与可持续发展现状

近年来欧美发达国家和地区加快构建绿色金融与可持续发展体系，不断强化政策激励与完善基础支持体系，尤其是在绿色债券、绿色银行、可持续资金、ESG 信息披露、碳交易市场和碳金融方面成效显著。他山之石，可以攻玉，通过分析国外绿色金融与可持续发展现状，借鉴其发展经验，对我国绿色金融与可持续发展大有裨益。

1. 绿色债券

绿色债券是国际上最成熟和应用最广泛的绿色金融产品。从发行规模看，根据气候债券倡议组织（CBI）的统计，2014-2021 年全球绿色债券的发行规模从 370 亿美元不断增加到 5 090 亿美元。尽管 2022 年全球绿色债券的发行总额略有下降（与 2021 年相比，下降 4.4%），但也维持了较高的发行量，达到 4 871 亿美元。从发行主体看，2022 年中国、美国、德国依旧是绿色债券发行量最大的三个国家（见图 3-1）；共计有来自 51 个国家和地区的 741 家机构参与发行（与 2021 年相比，下降 24%）。

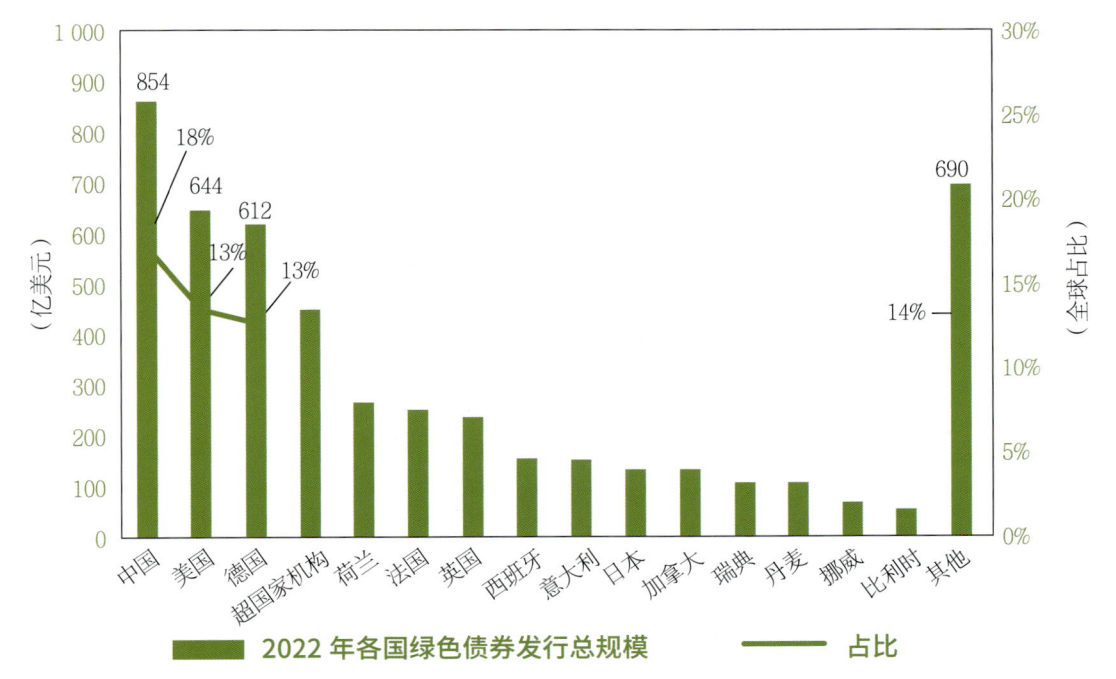

资料来源：气候债券倡议组织（CBI）。

图 3-1　全球各国 2022 年绿色债券发行总额和占比

从资金用途看，根据图 3-2 可知，2022 年全球通过绿色债券融通的资金，其中有约 37.3% 投向了能源行业，29.5% 投向了建筑行业，19.72% 投向了交通行业。事实上，根据国际能源署（IEA）披露的数据，目前能源、建筑、交通行业均位列全球碳排放量最大的前五个行业。从货币构成看，根据图 3-3 可知，2022 年欧元占新发行绿色债券总额的 42.3%，位列第一，这与 2014 年以来，欧洲持续成为全球规模最大的绿色债券发行市场有关；美元第二，占比为 29.3%；人民币第三，占比为 10%。

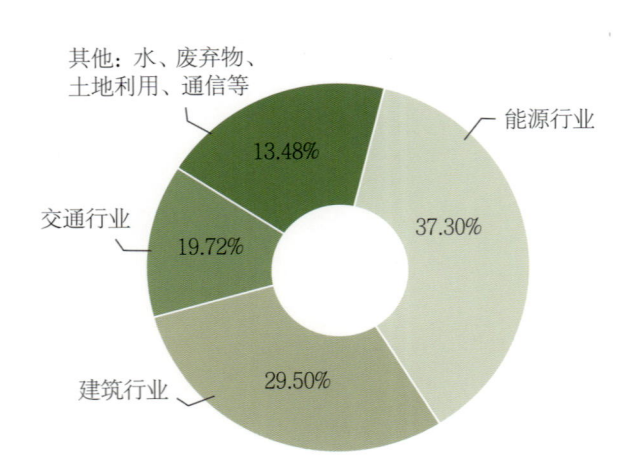

资料来源：气候债券倡议组织（CBI）。

图 3-2　2022 年全球绿色债券资金投向

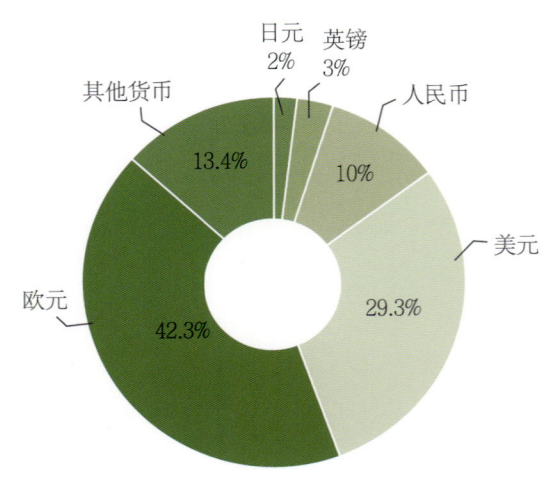

资料来源：气候债券倡议组织（CBI）。

图 3-3　2022 年全球新发绿色债券货币构成

2. 绿色银行

2019 年 9 月，联合国环境署金融倡议组织联合全球 30 家银行共同制定了负责任银行原则（Principles for Responsible Banking，PRB），旨在引导银行在最具实质性的领域设定影响目标，在战略、资产和交易层面以及所有业务领域融入可持续发展元素，确保银行的战略与实践符合"联合国可持续发展目标"和《巴黎协定》的愿景。发布伊始，全球 132 家银行成为首批签署银行，资产总额逾 47 万亿美元，约占全球银行业资产总规模的 1/3。根据图 3-4 可知，截至 2023 年 4 月，全球已有 77 个国家的 325 家银行签署了 PRB，数量增长约 2.5 倍，资产总额约 89.4 万亿美元，约占全球银行业资产总规模的 50%[①]。

---

① 参见 https://www.unepfi.org/banking/prbsignatories/。

第三章　绿色金融与可持续发展

图 3-4　全球 PRB 签署银行数量

资料来源：UNEP FI 官网。

3. 可持续基金

可持续基金是绿色金融领域颇具代表性的机构投资者。根据图 3-5 可知，自 2021 年第四季度全球可持续基金规模达到高点后，2022 年第一季度至今全球可持续基金呈现资金持续净流出。截至 2023 年第三季度末，全球可持续基金资产规模同比下降 4.2%。其中欧洲占比 85%，持续占据主导地位；美国紧随其后，占比 11%；亚洲地区位居第三，其中我国占比最高，超过 67%。

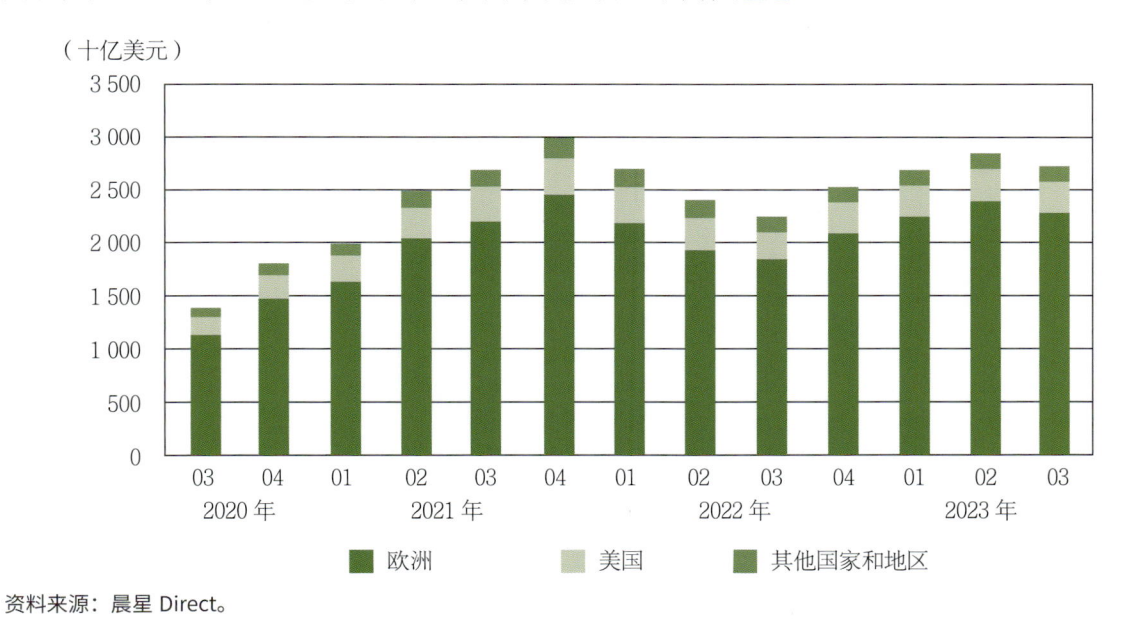

资料来源：晨星 Direct。

图 3-5　全球可持续基金资产主要国家和地区分布情况

039

4. ESG 信息披露

（1）针对金融机构，欧美通过加强 ESG 定量信息披露，防范金融机构投融资"漂绿"

2022 年以来，欧美监管机构频频出手，强化对欧美金融机构投资"漂绿"行为的监管和执法力度。2022 年 4 月，汇丰银行因夸大宣传其碳中和转型融资，被英国监管机构勒令整改；2022 年 11 月，高盛银行因未遵守 ESG 投资的相关政策，被美国证监会罚款 400 万美元。

欧美收紧投融资"漂绿"监管的目的在于加强 ESG 定量信息披露。从美国监管看，美国证监会在加大投融资"漂绿"执法力度的同时，逐步强化基金定量信息披露规则。例如，要求资管产品采取"80% 投资策略"，即名称带有"ESG"的基金，其 80% 的资产需投资在符合规定的范围内。

从欧洲监管看，欧盟先后推动《可持续金融信息披露条例》（简称"SFDR"，2021 年生效）及《监管技术标准》（简称"RTS"，2023 年生效）实施，明确了欧洲金融机构及其产品 ESG 定量信息的披露标准。该标准的核心要点如表 3-1 所示。

表 3-1　　《可持续金融信息披露条例》及《监管技术标准》相关条款

产品特征	产品类型	披露类型	披露要求	披露责任	RTS 有关规定
整合可持续风险	条款 6、8、9 产品	合同前文件	金融市场参与者披露 财务顾问披露	不遵守就解释	无
重大不利影响			金融市场参与者披露	强制披露	无
促进环境与社会特征	条款 8 产品	合同前文件	金融市场参与者披露 财务顾问披露	强制披露	RTS 规定的详细披露量化指标
		网站	金融市场参与者披露		
		定期报告	促进环境及社会改善程度		
可持续投资	条款 9 产品	合同前文件	金融市场参与者披露 财务顾问披露 明确的可持续投资目标	强制披露	RTS 规定的详细披露量化指标
		网站	金融市场参与者披露		
		定期报告	可持续投资目标完成度		

注：SFDR 条款 6 产品：不以任何 ESG 因素为主要投资目标的普通产品。
　　SFDR 条款 8 产品：含推动环境或社会因素的产品，俗称"浅绿产品"。
　　SFDR 条款 9 产品：以可持续投资为目标的产品，俗称"深绿产品"。

（2）针对供应链核心企业，欧盟强制核心企业披露ESG信息，要求其在供应链发挥引领与带动作用

一是欧盟《企业可持续发展报告指令》强制核心企业及其供应链企业披露ESG信息。2023年1月5日起欧盟正式实施CSRD（公司可持续发展报告指令）替代NFRD（非财务报告指令），强制核心企业及其供应链企业根据ESRS（欧洲可持续发展报告标准）披露ESG信息。首批符合条件的公司需要在2025年按照CSRD要求对2024财年进行披露；对于已经受制于NFRD的公司，CSRD要求于2024年1月1日起生效。

二是CSRD强制企业ESG信息披露贯穿其供应链及经营目标。首先，纳入CSRD监管的企业被要求监控其产业供应链中端到端的每一环节，包括企业的直接供应商。其次，纳入CSRD监管的企业必须设定明确的ESG目标，每年公布目标进展及过渡计划。

5. 碳交易市场和碳金融

国际碳规则话语权争夺激烈，欧盟通过碳市场与碳关税内外协同，巩固其碳规则全球话语权。

一是全球碳市场发展迅速。据ICAP报告，自《京都议定书》生效后，各国及地区开始纷纷建立区域内的碳交易体系以实现碳减排承诺的目标，碳排放权交易的发展势头不断增强。欧盟排放交易体系（EU ETS）于2005年正式启动，是全球建立最早、最成熟且最具影响力的碳市场，其目标是到2030年将碳排放在2005年基础上降低62%[①]。2021年7月14日，欧盟提出"Fit for 55"一揽子立法提案，在EU ETS的碳交易、碳泄露、能源效率、替代燃料等多方面做出调整，包括提高碳市场减排目标；将海运纳入碳交易体系，建立"第二"碳市场；调整配额分配机制等。2023年4月25日，更加激进的"Fit for 55"提案被欧盟理事会通过，不仅体现了其致力于引领全球减排行动的意愿，也强化了EU ETS在欧盟温室气体减排中的核心地位，为全球碳市场建设提供参考。

国际碳市场发展整体向好的同时，国际碳定价规则制定及话语权争夺日益激烈。2021年以来，欧美国家碳边境调节机制立法议程显著提速，欧盟、美国严重背离《联合国气候变化框架公约》中"共同但有区别的责任"原则，主张实施以碳关税为主的碳边境调节机制，意图组建国际碳贸易壁垒联盟，对高能耗、碳密集进口产品征收碳税。2022年6月，美国民主党向议会正式提交《清洁竞争法案》，试图建立碳边境调节机制；2023年5月16日，欧盟发布《碳边境调节机制》（CBAM，即碳关税）法案文本，CBAM于次日起正式生效。

二是欧盟对内构建碳排放权交易体系（ETS）、对外构建碳边境调节机制（CBAM），通过内外协同效应巩固其碳规则全球话语权。对内，首先，欧盟碳市场不断优化碳配额分配机制。碳配额由"免费分配"模式转变为当前"有偿拍卖机制主导，少量免费、最终取消"模式；其次，欧盟高度重视碳配额的金融属性，积极发展碳金融市场。自建立以来，EU ETS陆续发展了包括碳远期、碳期货、碳期权和碳

---

① 参见 https://icapcarbonaction.com/en/news/eu-adopts-landmark-ets-reforms-and-new-policies-meet-2030-target。

互换等在内的金融衍生品，对提升碳市场交易活跃度、形成市场公允价格、提供交易风险对冲手段等方面发挥了无可替代的作用。欧盟碳市场价格走势如图3-6所示。

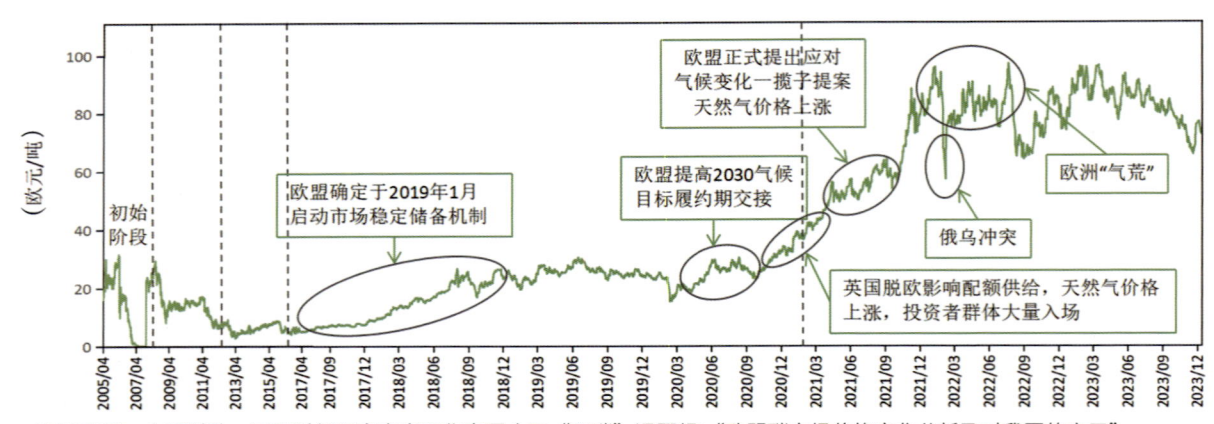

资料来源：中国财政，国际财经研究专家工作室国合司"双碳"课题组："欧盟碳市场价格变化分析及对我国的启示"。

图3-6　2008年以来欧盟碳市场价格走势及影响因素

对外，欧盟建立碳边境调节机制，强化碳足迹，约束防范"碳泄露"。从适用范围看，CBAM将适用于水泥、化肥、钢铁、铝、电力和氢等六个碳排放强度高的行业；从排放范围看，CBAM涵盖直接碳排放和间接碳排放。欧盟CBAM计算公式为

（出口产品碳排放量－欧盟免费碳配额）× 出口产品数量 × 欧盟碳价－出口国碳市场支付费用

欧盟CBAM旨在刺激各国碳价上升至相近水平，巩固并提升欧盟在全球范围内碳定价绝对话语权。

6. 转型金融

与绿色金融相对应，转型金融同样服务于低碳目标。转型金融的目标是扩大低碳转型企业的融资规模、推动私人资本为企业转型投资。国际转型金融标准分为"指导原则法"和"分类目录法"，欧盟不断扩大转型金融支持范围以应对"绿色通胀"。

一是国际上现有对于转型活动和转型投资的界定主要分为"指导原则法"和"分类目录法"两种方式。"指导原则法"要求转型活动在原则上符合某些条件，侧重对经济主体（而非经济活动）提出要求。如CBI转型五项原则、ICMA四个关键要素、《G20转型金融框架》等。"分类目录法"提供包含具体活动清单的转型目录，侧重对经济活动（而非经济主体）提出要求。典型代表为欧盟分类法（EU Taxonomy），将建筑、能源、制造业等5个部门的28项转型活动纳入其中。

二是欧盟不断扩大转型金融支持范围以应对"绿色通胀"。俄乌冲突爆发后，能源价格飙升，"绿色通胀"严重影响欧盟能源安全。2022年7月，欧盟正式发布基于《欧盟分类法条例》的《补充气候授权法案》，将核电和天然气相关经济活动纳入转型目录，并于2023年1月起生效。2023年6月，欧盟再次发布《气候授权法案修正案》，进一步扩充转型目录，纳入部分低碳运输、电气设备制造、水运

和航空等转型活动。

（二）国内绿色金融与可持续发展现状

2021年以来，我国逐步探索、确立了金融支持绿色发展的资源配置、风险管理与市场定价的"三大功能"，形成了以标准体系、环境信息披露框架、激励约束机制、产品和服务体系、国际合作为"五大支柱"的绿色金融体系。2022年10月，党的二十大报告指出，"中国式现代化是人与自然和谐共生的现代化。我们坚持可持续发展，坚定不移走生产发展、生活富裕、生态良好的文明发展道路，实现中华民族永续发展"。2023年10月，中央金融工作会议指出，"金融是国民经济的血脉，是国家核心竞争力的重要组成部分，要加快建设金融强国，坚定不移走中国特色金融发展之路，推动我国金融高质量发展。做好科技金融、绿色金融、普惠金融、养老金融、数字金融五篇大文章"。

1. 绿色金融市场

（1）绿色信贷蓬勃发展

从规模上看，近五年来，中国绿色信贷规模逐渐扩大，从2019年8.2万亿元到2023年第三季度28.58万亿元，规模扩大超三倍，位居全球首位。

从增速上看，以2020年双碳目标提出为分界，2019年至2020年增速约18%，2020年至2023年第三季度，增速为36%左右，接近翻倍（见图3-7）。

资料来源：中国人民银行。

图 3-7　2019 年至 2023 年 Q3 我国绿色信贷余额规模及增速

（2）绿色债券发行规模稳步增长

近年来，中国绿色债券总存量稳步增长。根据 Wind 数据库的资料（见图 3-8），2023 年中国境内市场绿色债券 2407 只，同比增长 18.69%；截至 2023 年年底，中国境内绿色债券累计发行规模约 3.62 万亿元。此外，按符合气候债券倡议组织 CBI 定义的绿色债券年度发行规模计，我国为 2022 年世界上最大的绿色债券发行市场。

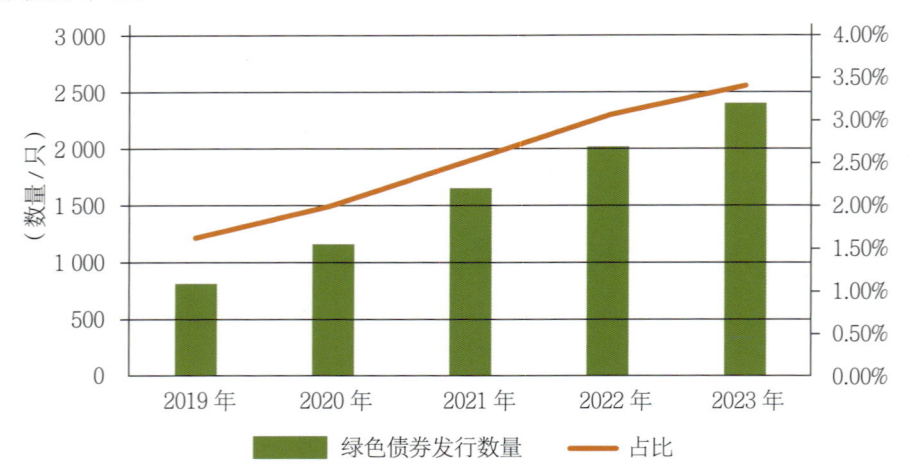

资料来源：Wind 数据库。

图 3-8　2019—2023 年中国国内绿色债券发行数量及占比

（3）绿色银行理财产品数量大幅增加

从发行数量看，自 2019 年起，我国银行及理财子公司发行的名称中含"ESG"的理财产品的数量总体上呈大幅上升趋势。根据 iFinD 金融数据终端，2021 年银行及理财子公司发行的名称中带有"ESG"的银行理财产品共 180 只，相比于 2020 年发行的 44 只相应理财产品增加了 309%，且最新数据显示，2022 年年初至 2022 年 8 月共发行 236 只 ESG 主题理财产品，比 2021 年全年增长约 31.1%（见图 3-9）。

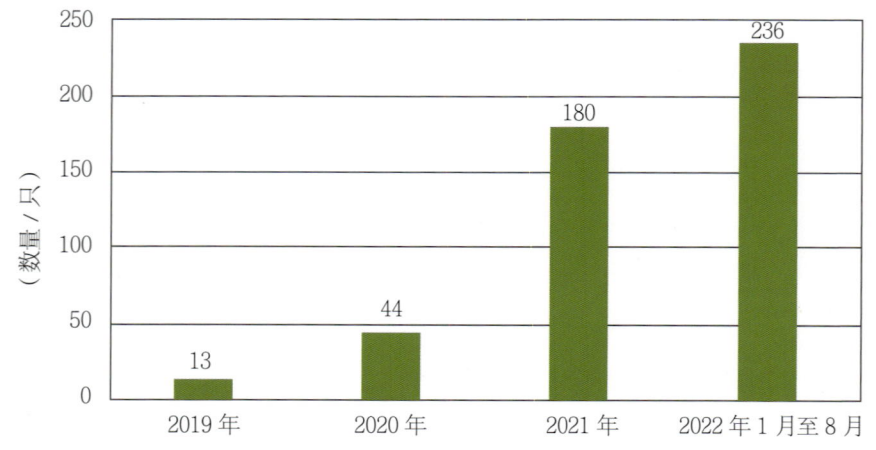

资料来源：iFinD 金融数据终端，中央财经大学绿色金融国家研究院。

图 3-9　银行 ESG 理财产品发行数量

（4）绿色基金的ESG投资实践持续发力

近年来，我国绿色基金的ESG投资实践持续发力。就中国ESG基金市场而言，根据Wind金融终端统计口径，截至2023年6月30日，中国已成立769只ESG公募基金产品，规模达到6 096亿元，其中141只产品规模超过10亿元，231只产品规模超过5亿元（见图3-10）。存续的ESG产品共473只，净值总规模达5 920亿元，其中环境保护产品规模占比最高，达到49.58%。

资料来源：Wind。

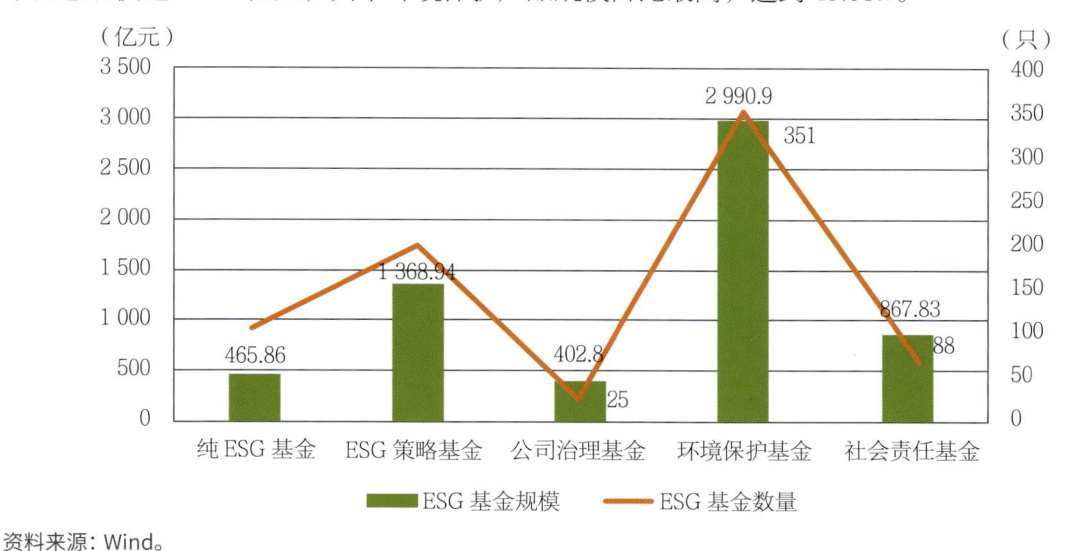

图3-10　截至2023年上半年的中国ESG公募基金产品规模和数量

（5）碳市场减排成效显著

我国碳市场建设经历了从地方试点到全国运行两个阶段。2011年10月至2021年6月，国家发改委陆续在北京、上海、广东、天津、深圳、湖北、重庆、福建8个省市开展碳排放权交易试点；2021年7月至今，全国统一碳排放权交易市场正式开启线上交易，与8个试点碳市场并行。

我国碳市场促进高碳企业碳减排取得积极成效。一是碳配额交易量大幅增长。试点碳市场碳配额累计成交量从2013年底约44.55万吨增长至2022年底约3.98亿吨，全国碳市场碳配额累计成交量到2022年底约2.29亿吨。二是碳配额交易价格逐步提升。碳配额成交均价从2013年约20元/吨逐步提升至2022年约50元/吨的水平，2023年8月15日全国碳市场碳配额价格首次达到70元/吨，突破了全国碳市场启动以来碳价长期所处的40~60元/吨波动区间，8月23日更以74.76元/吨的收盘价创开市以来历史新高。三是控排企业履约状况良好。截至2021年底，发电行业2011家重点排放单位中共有1 833家按时足额完成配额清缴，企业履约率为91.15%。

2. 绿色金融地方试点

（1）绿色金融改革创新试验区发展现状

2017年6月，经国务院同意，中国人民银行会同有关部门在浙江、江西、广东、贵州和新疆五省八地开启了为期五年的绿色金融改革创新试验。绿色金融改革创新试验区运行五年来成效显著，截至2022年6月末，试验区绿色贷款余额1.1万亿元，占全部贷款余额的比重为11.7%；绿色债券余额2388亿元，同比增长41.18%。亮眼的成绩得益于各试验区政府因地制宜、积极作为，具体而言：

第一，做好顶层设计，积极推动出台地方绿色金融标准或规范。各试验区立足本地产业特色，制定了绿色企业、绿色项目认定标准；部分试验区推出包含金融机构绿色信贷统计、环境信息披露等维度的评价标准，各试验区累计发布绿色金融相关标准或规范数十项。举例来说，浙江省湖州市发布了《绿色融资企业评价规范》《绿色项目融资评价规范》《银行业绿色金融专营机构建设规范》等。衢州市制定了《绿色企业评价规范》和《绿色项目评价规范》《衢州银行业绿色金融试点行、示范行评审标准》。江西省赣江新区发布了《绿色金融标准体系》，包含"绿色企业认定评价办法""绿色项目认定评价办法"和"企业环境信息披露指引"等。

第二，构建碳账户，积极打造市场化的碳普惠与碳减排体系。各试验区政府针对企业碳减排效益转化难的痛点，推动构建企业碳账户，降低金融机构与企业碳信息不对称，打造市场化的碳普惠与碳减排体系，卓有成效。例如，衢州市以碳账户为核心，构建了涵盖工业、农业、能源等领域的碳账户体系，截至2022年年末，碳账户累计放款377亿元；湖州市发布工业碳效码，实现企业节能减排与贷款利率优惠挂钩，并推广至浙江全省，为工业企业争取绿色金融贷款超100亿元；广州金融机构落地全国首个基于"碳账户+供应链金融"的"绿色碳链通"融资模式。

第三，服务实体经济绿色转型，推动绿色项目库与金融机构高效对接。各试验区均建立了绿色项目库，支持金融机构与具有绿色低碳示范效应的地方项目高效对接，服务实体经济绿色转型。例如，广州市通过绿色项目库与粤信融平台对接，引入第三方绿色认证机构和非银金融机构，实现绿色项目信用的信息共享；湖州市的"绿贷通"银政企网上融资对接平台汇集了35家银行机构，实现了绿色金融供需双方有效对接；江西省依托赣江新区绿色项目库，推动碳减排支持工具和支持煤炭清洁高效利用专项再贷款落地，2022年金融机构累计发放碳减排贷款133亿元，支持重点项目203个。

第四，引导金融机构创新，丰富绿色金融产品与服务供给。首先，引导银行绿色信贷产品创新。例如，广州创新性地推出"绿色城市环保支持贷"，将企业获取的垃圾分类回收合同订单作为授信条件，解决抵押物不足问题，实现银企双赢。其次，鼓励试验区企业和金融机构发行绿色债券。江西赣江新区发布首单绿色市政债，减轻了地方政府的还款压力。最后，试验区绿色保险创新各具特色，不断涌现。衢州市研发安全生产和环境污染综合责任保险；江西赣江新区发布全国首单中医药研发费用损失保险。

第五，加强国际合作，对接国际规则并加快绿色金融市场互联互通。首先，积极对接国际规则。湖州安吉农商银行、江西九江银行签署联合国《负责任银行原则》，湖州银行、贵州银行宣布采纳赤道原则。其次，加快绿色金融市场互联互通。广州联合深圳、中国香港、中国澳门有关团体成立粤港澳大湾区绿色金融联盟，推动粤港澳大湾区绿色金融市场互联互通。

（2）上海绿色金融发展现状及与绿色改革创新试验区的对比

第一，上海绿色金融开放及立法进展较快，与试验区相比，绿色金融标准或规范的缺位严重制约了上海绿色金融的发展。上海拥有金融开放、浦东新区立法权优势，2021年10月、2022年6月、2023年12月先后公布《上海加快打造国际绿色金融枢纽服务碳达峰碳中和目标的实施意见》《上海市浦东新区绿色金融发展若干规定》《上海市转型金融目录（试行）》，绿色金融开放及立法、转型金融协同绿色金融发展走在全国前列，但并未有效转化为上海绿色金融竞争优势。一方面，上海没有像各试验区一样，及时推出有指导性的、细化的、配套顶层设计的标准和规范（而这本应是全国金融中心的上海最有能力率先完成的），例如ESG信息披露、碳交易认证和定价的标准或规范等，绿色金融标准和规范的缺位，导致金融机构、企业无法精准识别和支持绿色项目和企业，无法有效创新适配产品和服务。另一方面，在转型金融的执行过程中，金融机构依然需要通过一系列技术手段，精准识别企业低碳转型行为，谨防企业"假转型"带来各类潜在风险，进而制约上海绿色金融市场的发展，以及绿色金融与转型金融的有效衔接。

第二，上海聚合金融资源支持绿色项目库建设的力度不足，与试验区相比，在产融结合、高效对接方面仍有提升空间。各试验区均高度重视绿色项目库建设，重点整合地区有限的金融资源打造绿金平台，如广州"粤信融"、湖州"绿贷通"等。相比试验区，尽管浦东新区近年来在绿色金融三大专项服务计划[①]、编制绿色指数、推出绿金全国首创产品等方面成效显著，但仍缺乏专门服务绿色金融项目库的绿色产融平台，尚未实现金融机构与绿色项目库常态化对接机制，规模效应仍不明显。

第三，上海在对接国际规则、参与绿色金融国际合作方面具备优势，与试验区相比，在促进区域互联互通与扩大辐射范围方面进展缓慢。近年来无论是落户上海的绿色金融投资机构、国际组织等，还是符合国际规则的金融产品数量，相较试验区均具备领先优势。但与试验区相比，一是上海促进区域绿色金融市场互联互通进展缓慢。当前长三角绿色金融市场互联互通仍处于试点示范阶段。二是上海绿色金融的辐射范围有待扩展。上海发展绿色金融不能仅专注自身，仍需扩大覆盖面，将辐射范围从长三角扩展至全国。

---

① 指结合浦东产业特色，加大金融服务实体经济力度，推出绿色金融三大专项服务计划，即绿色信贷计划、绿色证券计划、绿色租赁计划。

三、存在问题与挑战

（一）绿色标准或规范缺位严重

一是绿色标准及规范的引领力度不足。我国长期缺乏系统性的 ESG 信息披露规范，导致对金融机构、企业赋能不足，制约了我国绿色金融与可持续发展。2023 年 1 800 余家上市公司披露了年度社会责任报告、ESG 报告或可持续发展报告。虽然较之前年份有所进步，但绝大多数上市公司仍未披露相关报告。许多企业尚未实质性地将可持续发展理念及措施融入公司治理和经营管理。2024 年 4 月 12 日，上海证券交易所制定了《上海证券交易所上市公司自律监管指引第 14 号——可持续发展报告（试行）》，标志着我国在规范上市公司可持续发展相关信息披露方面做出了进一步努力。

二是绿色债券标准与国际标准衔接不畅，国际化程度不足。一方面，相比于国际标准，我国绿色债券标准仍相对宽松，对绿色债券的认定与评价标准和国际共识仍然存在差异。另一方面，多方监管下，国内绿色债券的监管标准仍有所出入，各部委文件在具体发行流程、资金使用规定等方面仍存在诸多差异，导致我国部分绿色债券不被国际投资者认可，难以与国际接轨，吸引更多境外机构参与国内绿色债券市场（见表 3-2）。

表 3-2　　绿色债券相关政策文件

时间	部门	文件
2015/9/21	国务院	《生态文明体制改革总体方案》
2015/12/22	绿金委	《绿色债券支持项目目录（2015 年版）》
2015/12/22	央行	绿色债券支持项目目录发布的通知
2015/12/31	发改委	《绿色债券发行指引》
2016/3/16	上交所	《关于开展绿色公司债券试点的通知》
2016/4/22	深交所	《关于开展绿色公司债券业务试点的通知》
2017/3/13	证监会	《关于支持绿色债券发展的指导意见》
2017/3/22	银行间交易商协会	《非金融企业绿色债务融资工具业务指引》
2017/12/25	央行 & 证监会	《绿色债券评估认证行为指引（暂行）》
2021/4/2	央行 & 发改委 & 证监会	《绿色债券支持项目目录（2021 年版）》
2022/7/29	绿色标准委员会	《中国绿色债券原则》

资料来源：相关部门网站、平安证券研究所。

（二）ESG 信息披露机制尚不完善

"漂绿"行为越来越多地引起了社会广泛的关注（见表 3-3）。为了推动绿色金融发展，监管部门给予绿色企业一定的激励政策。在此背景下，一方面，企业可以通过"漂绿"降低成为被重点污染监控单位的可能性，同时提高企业信贷融资的可得性，因此企业具有通过降低信息披露质量（如以定性披露为主）进行"漂绿"的动机。同时，由于信息披露制度不完善，给精准监管带来了难度，为企业的"漂绿"行为带来了空间。另一方面，金融机构同样存在进行"漂绿"的动机。越来越多的金融机构发现 ESG 投资正在成为投资者关注的热点，而由于对"漂绿"行为处罚标准尚不明确，少数基金经理人会在利益驱使下，给不符合标准的产品贴上绿色标签，以"伪 ESG"吸引投资者，对绿色发展造成负面影响。"漂绿"行为导致资金流向不符合要求的领域，与绿色发展理念背道而驰。

表 3-3　　　　　　　　　　　《南方周末》2022 年"中国漂绿榜"

行业类型	企业名称	成立日期	上榜原因
乘用车	特斯拉	2003/7	废弃管控违规；供应商环境问题违规
食品	三元食品	1956	旗下公司收到多张环保罚单
食品	华统股份	2001/8	旗下企业多次超标排污
化学制药	新华制药	1943/11	废水废气排放问题
养殖	新希望	1952	污染问题罚单位居养殖领域前列
建筑	中铁股份	1950/3	排污毁林问题影响恶劣
煤炭	中国神华	2004/11	环境生态问题罚款金额位居煤炭行业之首

数据来源：《南方周末》、公开资料、EqualOcean。

（三）能源产业转型发展面临双重困境

一是供应链核心企业引领与带动作用不够。当前我国企业碳排放计算以最终产品直接碳排放为主的方式，忽略了上游产品、中间产品的间接碳排放，既无法实现真正降碳，也无法引起核心企业对上下游中小企业 ESG 信息披露的重视。

二是现有金融模式难以满足能源产业的转型发展要求。近年来，我国新能源产业发展迅速，规模不断扩大，但在统筹规划、项目融资等方面依然面临突出问题。一方面，伴随着中央政府发布一系列推动新能源产业发展的政策文件与指导意见，地方政府和企业大规模投资新能源产业，然而部分企业仍然沿用过去加工贸易的传统运营模式，使得产业主要集中在加工制造环节。一旦市场出现波动，很容易出现产能过剩问题。另一方面，长期以来，现存的信贷资源错配问题使得能源企业面临较严峻的融资约束。随着能源企业的融资需求日益多元化，以银行为主的金融机构提供的绿色信贷等工具更加难以满足能源企业的融资需求，能源企业仍需拓宽融资渠道，增加以绿色投资为代表的直接融资比重，积极发挥新能源的估值优势，通过资本市场筹集资金以转型发展。

（四）绿色金融与高碳行业转型金融"剪刀差"扩大

一是我国仍缺乏统一规范的转型金融政策框架、结构完善的转型金融产品体系和风险管理机制。我国目前暂未出台国家层面统一的转型金融标准，导致转型金融产品质效不一，可能在一定程度上延缓了金融支持高碳行业进行低碳转型的进程。同时，目前主流的转型金融产品以转型债券等债务型工具为主，股权、基金等其他类型的金融工具较少，结构相对单一。部分监管机构仍然缺乏高效的风险量化分析工具，难以测度风险发展趋势。

二是高碳行业转型得到的金融支持相比绿色行业严重不足。仅以贷款支持为例，2018年至2022年，绿色贷款余额从8.23万亿元增加到22.03万亿元，接近翻两番，同期高碳行业（钢铁、水泥、石油化工、建筑、交运等）的贷款余额仅从5.24万亿元增加到7.76万亿元，增长不及50%，绿色贷款与高碳行业贷款规模及增速"剪刀差"（见图3-11），在2020年提出双碳目标后加速扩大，高碳行业转型得到的金融支持相比绿色行业严重不足。

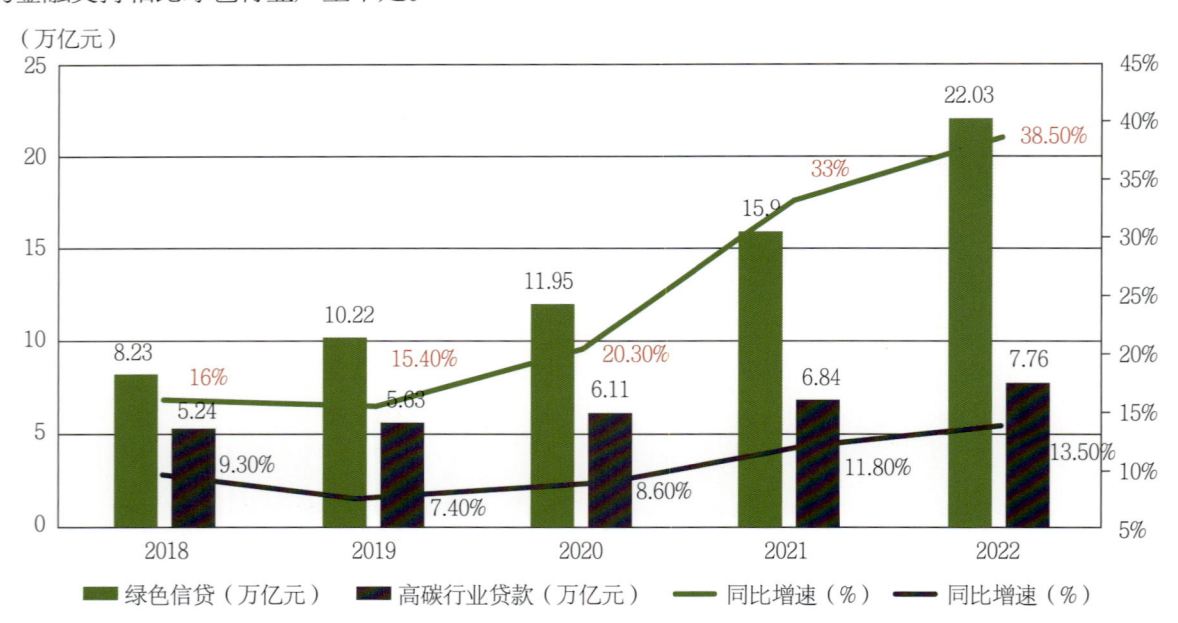

资料来源：根据Wind数据库的数据整理。

图 3-11　2018-2022 年绿色贷款余额规模及增速

三是对高碳行业"一刀切"影响能源安全。新能源发电具有间歇性、波动性的特点，在碳达峰的前期，储能技术尚不成熟阶段，经济发展仍然依赖煤炭、石油化工等高碳行业的持续经营，2021年"运动式"减碳导致全国多地"拉闸限电"，严重影响能源安全，必须高度重视高碳行业在转型金融支持下的稳健发展。

（五）碳市场"大而不强"

我国碳市场覆盖的行业和参与的市场主体较为单一，碳市场以现货交易为主，存在明显的以履约为驱动的特征。市场流动性明显不足，关键在于碳金融属性重视程度不够，鼓励金融机构等做市主体参与的力度不够，围绕碳金融属性的产品及服务创新发展缓慢，同时缺乏支持控排企业购买CCER的政策。

四、未来展望与战略建议

展望未来，推动我国绿色金融与可持续发展，既要充分利用好国内绿色金融改革创新试验区的经验，发挥政策优势，积极作为，也要密切跟踪国际绿色金融与可持续发展的最新动态，着力构建绿色金融与可持续发展的市场化激励机制。

（一）制定绿色债券评价体系和ESG信息披露体系

从中央及监管部门看，推动中国和国际主流国家的绿色标准互通互认，进一步增强中国绿色债券的国际化程度，提高ESG定量信息披露比例，加快推出转型金融标准。一是可参考、借鉴2022年6月中欧等经济体共同发起的可持续金融国际平台（IPSF）最新发布的《可持续金融共同分类目录》，其在《联合国气候变化框架公约》第26次缔约方大会（COP26）发布的《可持续金融共同分类目录》的基础上增添了市场反馈意见，有助于加快推进国内外绿色金融标准的互联互认；二是借鉴欧洲经验，分类别细化ESG定量信息披露规则，总的原则是评级越高，定量信息披露比例越高；三是要促进绿色金融与转型金融的有效衔接，制定适合本土实际的转型金融内涵、标准、原则。

从上海角度看，2024年3月，上海市商务委印发了全国首个ESG区域行动方案《加快提升本市涉外企业环境、社会和治理（ESG）能力三年行动方案（2024—2026年）》，明确了未来三年的工作目标和行动规划。一方面，持续完善ESG披露要求，加强ESG能力建设是上海吸引外商投资和优化贸易结构的必然要求，也是上海打造国际金融中心的必经之路；另一方面，要不断借鉴新加坡、中国香港在ESG能力建设方面的经验，推动制定既与国际接轨，又适应本土特色的ESG标准。

从临港片区角度看，持续加大绿色产业培育力度，建立重点企业库，筛选一批在细分市场上具有较强竞争力和发展前景的重点企业，构建大中小企业协同共生的产业生态；对高ESG评级企业试点先行，鼓励评级为"AAA"的深绿ESG基金严格以可持续投资为目标，推动此类企业的合同前文件、网站、定期披露逐步转为强制披露；强化核心技术支撑，支持ESG相关服务机构强化新一代信息技术应用，通过技术手段降低信息不对称，推动构建完善的信息披露体系。

（二）激励核心企业发挥供应链引领与带动作用

从中央及监管部门看，一方面，构建绿色金融市场化激励机制，加强政策支持力度；另一方面，强化绿色银行信贷对借贷主体ESG信息尽调的要求，提高国内银行对"负责任银行"（PRB）的认知度。一是加强对金融机构持有、交易绿色资产的考核力度，逐步提高金融机构持有绿色资产的比例；二是对绿色金融评价优异的银行机构予以贷款额度、融资利率优惠等政策激励，调动金融机构积极性。

从上海角度看，一是通过绿色金融专项资金、绿色担保基金等，加大对金融机构绿色金融产品和服务创新的支持力度；二是支持上交所简化绿色债券发行、绿色股权融资审批程序，降低绿色直接融资成本；三是鼓励上海地区银行业金融机构，持续关注并按照最新的PRB实施指南，构建自身可持续发展的内生体制与机制，形成具有长效机制的可持续战略转型国际化案例。

从临港片区角度看，引导企业实践ESG概念，鼓励使用环保节能的技术手段来提升综合竞争力，激励核心企业带动供应链中小企业改善ESG表现。首先，对落户临港并且在欧盟有较大业务规模的企业，应未雨绸缪，做好自身业务及供应链ESG信息披露的合规性；其次，鼓励并试点临港核心企业加强产品全生命周期碳足迹披露，涵盖直接碳排放与间接碳排放；最后，试点将核心企业ESG评价逐步纳入上下游供应商ESG表现，激励核心企业发挥供应链引领与带动作用。

（三）促进碳金融市场与碳交易市场联动发展

从中央及监管部门角度看，优化碳配额分配机制。在制定碳配额时，充分考虑各省经济增长压力不同带来的碳排放履约压力的差异，尽量在分配碳配额时均衡各省的履约压力，并且各地碳配额应与其2030碳达峰目标挂钩。

从上海角度看，借鉴欧盟碳市场发展经验，上海碳市场可探索采用"有偿发放、分步实施"的方式分配碳配额；探索建立存储借贷机制和市场稳定储备机制，以稳定碳排放权交易价格。

从临港片区角度看，重视碳交易的金融属性，多措并举，提升碳市场流动性，促进碳金融市场与碳交易市场联动发展。首先，临港可试点在上海碳市场积极引入多元化的市场参与者。允许机构投资者、个人参与碳市场、碳金融产品交易，为市场注入必要的流动性，打破目前只允许控排企业参与交易的局面。其次，临港可试点构建碳期货、碳期权市场。利用衍生品的价格发现功能提升现货市场交易的活跃度，并带动碳金融市场的发展。

（四）完善转型金融工具设计和优化

从中央及监管部门角度看，明确转型活动的原则和标准。一是以实现双碳目标为前提，形成判断低碳转型经济活动的基本原则，为划分转型活动提供参考依据；二是借鉴国际转型金融发展经验，并结合我国国情，制定具有中国特色的高碳产业转型的技术指引。

从上海角度看，高碳行业转型是实现"双碳"目标的关键，当前绿色金融对高碳行业转型的支持力度不足，亟须制定转型金融标准以加强对高碳行业转型的金融支持。引导银行实施好《上海市转型金融目录（试行）》，助力银行等金融机构发展转型金融。

从临港片区角度看，拓展转型金融工具箱。当前高碳行业面临多元化的融资需求，仅仅依靠债务融资工具难以实现转型目标。一方面，加强股权类融资支持，可设立地方产业转型引导基金等；另一方面，针对转型技术创新中的不确定性，提供风险缓释工具，以缓解高碳企业及金融机构面临的风险。

第四章

普惠金融

普惠金融作为金融五篇大文章之一，体现了我国金融工作以人民为中心的价值取向。当前，我国经济已由高速增长阶段转向高质量发展阶段，发展普惠金融对经济高质量发展意义重大。普惠金融有助于缩小贫富差距，促进社会经济的包容性增长。通过为微弱经济体和个人提供更广泛、更优质的金融服务，普惠金融能够支持更多社会群体融入经济发展的主流，帮助他们获得资金支持，促进就业和创业，从而实现更均衡和可持续的发展目标。

当前，普惠金融服务正在经历从面的铺展到质的提升的关键转变。在新阶段，推动普惠金融高质量发展，更要求我们回归发展普惠金融的初衷，切实强化金融机构普惠金融服务的能力建设。一是回归服务微弱经济体的出发点。二是回归市场化的定价机制。三是回归大中小银行各司其职的生态体系。推动普惠金融高质量发展，才能使金融服务更好地惠及微弱经济体，最终实现全民普惠、共同富裕的局面。

一、概念、特点与相关政策

（一）概念

2000年，亚洲开发银行将"普惠金融"（Inclusive Finance）定义为向贫困人群、低收入家庭及微型企业提供的各类金融服务，包括存款、贷款、支付、汇款及保险等。2005年，为实现"联合国千年发展目标"（Millennium Development Goals，MDGs）八项目标中的"消灭极端贫穷和饥饿"，联合国正式提出"普惠金融"概念，强调通过完善金融基础设施，以可负担的成本将金融服务扩展到欠发达地区和社会低收入人群，向他们提供价格合理、方便快捷的金融服务，提高金融服务可获得性，并将其基本含义解释为：一个能有效地、全方位地为社会所有阶层和群体，尤其是贫困、低收入人口，提供服务的金融体系。

实际上，普惠金融这一概念最早被联合国用于"2005国际小额信贷年"的宣传中，后又为联合国、世界银行所大力推行。其主要目标包含以下四点：一是家庭和企业以合理的成本获取较广泛的金融服务；二是金融机构稳健，要求内控严密、接受市场监督以及健全的审慎监管；三是金融业实现可持续发展，确保长期提供金融服务；四是增强金融服务的竞争性，为消费者提供多样化的金融服务选择。

在中国，普惠金融的具体实践中，我们更强调普惠金融为实体经济发展服务，解决经济社会发展中的不平衡不充分问题。2015年12月，国务院印发首个国家级普惠金融战略规划——《推进普惠金融发展规划（2016—2020年）》。该规划基于普惠金融的基本特点，结合中国国情，将普惠金融定义为"立足机会平等要求和商业可持续原则，以可负担的成本为有金融服务需求的社会各阶层和群体提供适当、有效的金融服务"，并强调要建立与全面建成小康社会相适应的普惠金融服务和保障体系，特别是要让小微企业、农民、城镇低收入群体、贫困人群和残疾人、老年人等特殊群体能及时获取价格合理、便捷安全的金融服务。由此可见，通过发展普惠金融将更多的农民、城镇低收入人群以及小微企业等微弱经济体纳入正规金融体系，强调满足"三农"、小微企业等重点群体的金融需求，支持小微企业发展和提高低收入人群收入，最终实现全体人民共同富裕，这是中国特色普惠金融发展道路的主要目标。

（二）特点

普惠金融是有别于传统金融的一种包容性金融，将金融服务普遍惠及所有有金融需求的群体，着重为贫困地区、少数民族地区、偏远地区的人群和残疾人，及其他弱势群体提供金融服务。具体而言，普惠金融包括以下几方面的特点：

一是服务的公平性。旨在让每个有金融需求的人都能以可负担的成本，获得相较于传统金融更公平、合理的金融服务，从而积极参与到社会经济活动中。

二是受众的广泛性。服务对象面向所有人群，尤其侧重于贫困人群、小微企业等弱势群体。

三是业务的全面性。普惠金融提供的金融服务，不仅包括贷款、储蓄、支付、投资、保险、汇兑等基本金融服务，还包括提供专业的技术支持、准确透明的信息服务、安全的支付和清算等服务。

四是参与者的多样性。普惠金融的服务提供方不仅限于个别扶贫机构和小额信贷机构，还有银行、保险公司、消费金融机构等各类机构。

五是发展的可持续性。在建立良好金融生态情况下，金融服务提供者能以成本节约的方式，长期可持续地提供产品和服务，从而实现长远的可持续发展。

（三）政策支撑

党中央、国务院高度重视普惠金融发展。2013年11月，党的十八届三中全会将"发展普惠金融"确定为国家战略。2015年12月，国务院印发中国首个发展普惠金融的国家级战略规划——《推进普惠金融发展规划（2016—2020年）》。规划强调，到2020年，要建立与全面建成小康社会相适应的普惠金融服务和保障体系，有效提高金融服务可得性，明显增强人民群众对金融服务的获得感，显著提升金融服务满意度，满足人民群众日益增长的金融服务需求，特别是要让小微企业、农民、城镇低收入人群、贫困人群和残疾人、老年人等及时获取价格合理、便捷安全的金融服务，使我国普惠金融发展水平居于国际中上游水平。自此，中国普惠金融发展开始步入快速发展的轨道，"增量扩面、提质降本"成为监管指导银行发展小微企业金融服务的具体考核要求和主要目标。

2017年7月，习近平总书记在第五次全国金融工作会议上强调要建设普惠金融体系，加强对小微企业、"三农"和偏远地区的金融服务。2020年7月，习近平总书记在主持召开企业家座谈会时再次指出，要强化对市场主体的金融支持，发展普惠金融。2022年2月，中央全面深化改革委员会第二十四次会议审议通过《推进普惠金融高质量发展的实施意见》，提出要深化金融供给侧结构性改革，把更多金融资源配置到重点领域和薄弱环节，加快补齐县域、小微企业、新型农业经营主体等金融服务短板，促进普惠金融和绿色金融、科创金融等融合发展，提升政策精准度和有效性。2023年10月，国务院印发《关于推进普惠金融高质量发展的实施意见》作为规划到期后的衔接，将未来五年的目标确定为建立高质量的普惠金融体系，明确了推动普惠金融高质量发展的具体路径，成为未来普惠金融发展的纲领性文件。2024年3月28日，国家金融监督管理总局发布《关于做好2024年普惠信贷工作的通知》，明确2024年普惠信贷总体目标为保量、稳价、优结构，更好满足小微企业、涉农经营主体及重点帮扶群体多样化的金融需求。

表 4-1 列示了中国普惠金融政策的发展沿革。

表 4-1　　　　　　　　　　　中国普惠金融政策发展沿革

时间	政策文件	政策内容
2013年11月	《中共中央关于全面深化改革若干重大问题的决定》	正式提出要"发展普惠金融，鼓励金融创新"
2014年3月	《政府工作报告》	在"深化金融体制改革"表述中增加"发展普惠金融"
2015年3月	《政府工作报告》	提出要大力发展普惠金融，让所有市场主体都能分享金融服务的雨露甘霖
2015年12月	《推进普惠金融发展规划（2016—2020年）》	明确普惠金融定义，将发展普惠金融确定为国家战略
2016年3月	《关于金融支持养老服务业加快发展的指导意见》	首次将养老服务纳入普惠金融覆盖范围
2017年5月	国务院常务会议	部署推动了大中型商业银行设立普惠金融事业部，以期资金量大、信贷管理经验丰富的头部金融机构带头践行普惠金融
2018年3月	《政府工作报告》	改革完善金融服务体系，支持金融机构扩展普惠金融业务，规范发展地方性中小金融机构，着力解决小微企业融资难、融资贵问题
2019年3月	《政府工作报告》	对金融机构特别是大型国有银行的普惠金融业务提出了明确要求，要求其每年普惠金融贷款增速不低于30%
2020年5月	《政府工作报告》	国有大型银行上半年普惠型小微企业贷款余额同比增速要力争不低于30%
2021年3月	《政府工作报告》	要"健全具有高度适应性、竞争力、普惠性的现代金融体系"，"增强金融普惠性"
2021年9月	《中国普惠金融指标分析报告（2020年）》	未来要进一步拓展普惠金融发展的广度和深度
2023年10月	《关于推进普惠金融高质量发展的实施意见》	将未来五年的目标确定为建立高质量的普惠金融体系，明确了推动普惠金融高质量发展的具体路径
2024年3月	《关于做好2024年普惠信贷工作的通知》	2024年普惠信贷总体目标为保量、稳价、优结构

资料来源：作者根据相关资料整理。

二、发展现状

（一）覆盖面逐步扩大，服务可得性持续提升

基础金融服务的范围不断扩大，打通"最后一公里"。回顾普惠金融十多年发展历程，基础金融服务已深入县域和农村地区，银行、保险等金融服务变得触手可及。商业银行机构网点目前已覆盖全国97.9%的乡镇，农村、偏远地区居民存取款更加便捷。乡镇保险服务基本实现全覆盖，大病保险已覆盖12.2亿城乡居民；农业保险覆盖农林牧渔各领域，服务农户超过10.6亿次，提供风险保障超过3.2万亿元。银行结算账户和银行卡人均拥有量保持稳步增长。图4-1显示，2017—2021年，全国人均账户拥有量增长45.6%，人均银行卡持有量增长36.2%；其中农村人均账户拥有率和银行卡持有量分别增长23.0%和36.3%。截至2023年末，全国每人平均持有银行卡6.93张，全年卡均消费金额1.39万元，平均银行账户10.17个。

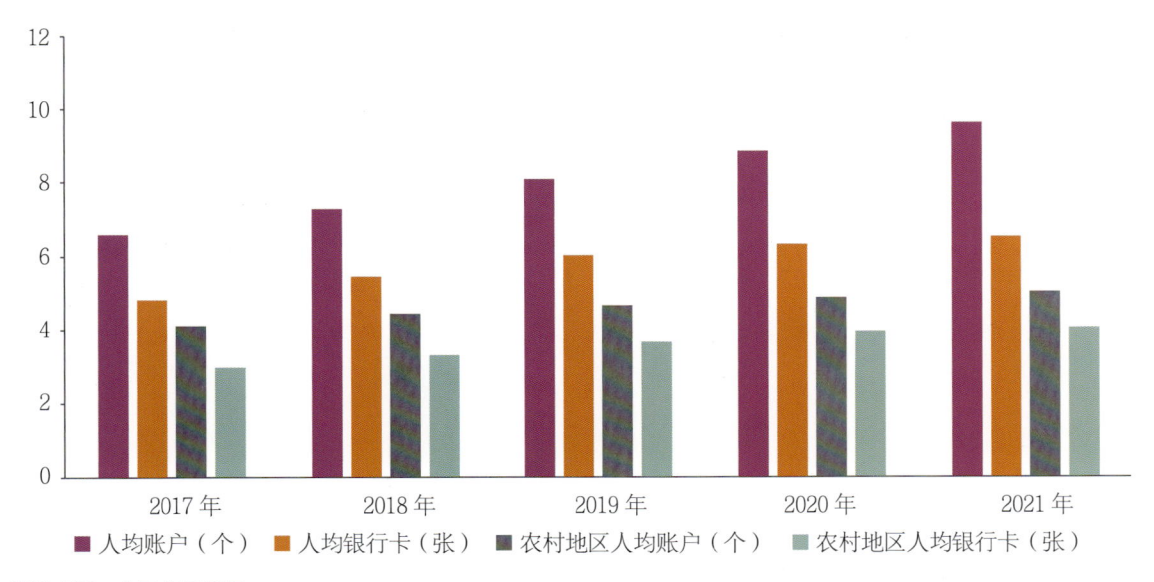

资料来源：中国人民银行。

图4-1 人均拥有账户和银行卡数量

重点领域金融服务的可得性持续提升。普惠金融发展规划出台以来，小微企业、乡村振兴和脱贫攻坚等重点领域的金融服务都有了显著进步，深入经济活动的毛细血管，为实体经济发展提供了坚实的金融保障。图4-2显示，截至2023年末，全国小微企业贷款余额达到70.9万亿元，其中单户授信总

额1 000万元及以下的普惠型小微企业贷款余额为29.1万亿元，五年复合增速分别为16.2%和25.4%，普惠型贷款占小微企业贷款总比重从28.1%提高至41.0%。农村金融方面，2023年第四季度涉农贷款余额达56.6万亿元，其中普惠型涉农贷款余额为12.6万亿元，五年复合增速分别为11.6%和17.5%，普惠型贷款占涉农贷款总比重从17.2%提高至22.2%。普惠金融助力脱贫攻坚，近三年银行机构向脱贫地区累计发放贷款达到19.7万亿元，余额年均增长14.4%；向国家乡村振兴帮扶县累计发放贷款超过3万亿元，余额年均增长15.0%。

资料来源：中国人民银行。

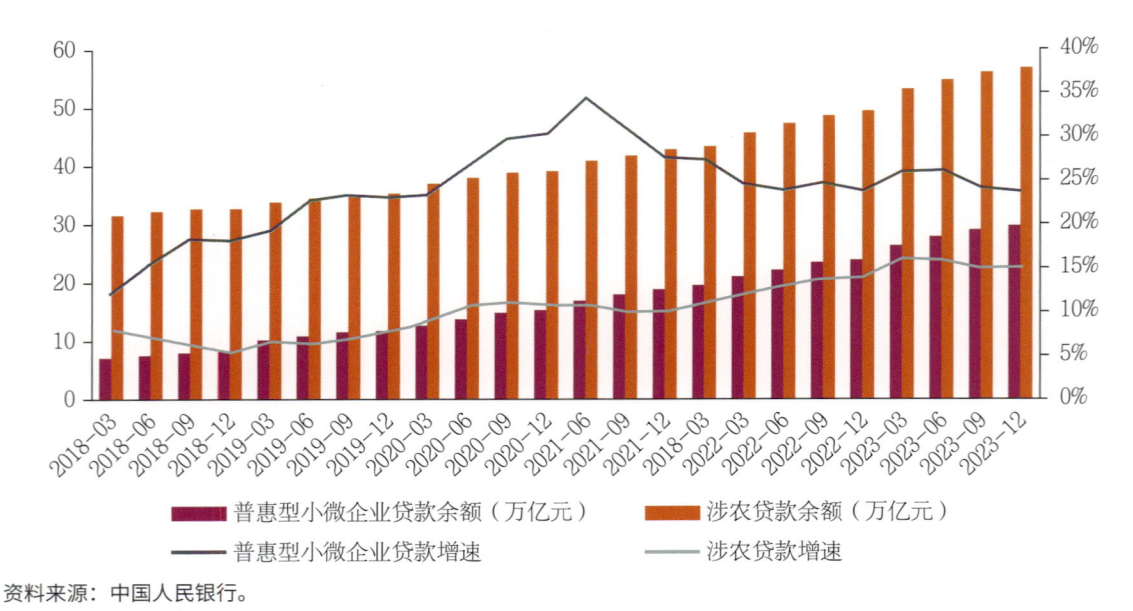

图 4-2　普惠型小微企业贷款余额和涉农贷款余额

小微企业融资难问题得到初步缓解。2024年1月24日，中国人民银行行长潘功胜在国新办新闻发布会上表示，将对普惠小微企业贷款的认定标准从单户授信不超过1 000万元提高到2 000万元。这意味在政策调整后，授信2 000万元以下的企业都可以享受普惠信贷政策，扩大了普惠型小微企业贷款这一优惠政策的覆盖范围。政策受惠面扩大的现实背景是当前小微企业融资难问题已经得到初步缓解。在以超过25%的年均复合增速快速扩张之后，2023年末我国普惠型小微企业贷款余额达到29.1万亿元，普惠小微授信户数超过6 000万户，占全部经营主体的1/3。2023年新发放的普惠型小微企业贷款平均利率为4.78%，较2022年下降0.47个百分点。在北京、上海、深圳这类金融服务发达的城市，有普惠余额贷款的经营主体占总商事主体的比重分别高达44.55%、23.41%和30.75%，意味着在政策多年的推动后，部分一线城市的普惠信贷需求已经基本饱和。

（二）银行业主导，各类机构积极参与

经过十多年的发展，我国逐步形成了多层次、差异化的普惠金融格局。银行业在普惠金融供给体系中发挥核心作用，其中大中型商业银行是普惠金融发展的压舱石，城市商业银行和农村金融机构[①]则立足县域乡镇、深入农村腹地，深耕当地小微企业和"三农"客户，提供个性化的普惠贷款服务；各类保险公司在降低农业生产风险、提供低收入人群基本生活保障方面发挥着兜底的作用；其他各类金融科技公司、消费金融公司以及各种协会组织充分展现各自独特的优势，在普惠金融供给体系中起到重要的补充作用。

银行业金融机构仍是发展普惠金融的主力军。银行业在普惠金融基础设施建设方面发挥着不可替代的作用，存、贷、汇等金融服务都需要账户体系、支付体系、物理网点等基础设施作为保障。在多年的努力下，中国的账户拥有率处于世界领先水平，领先G20国家平均水平；凭借着完备的银行账户体系，支付宝等快捷支付工具得到了快速普及；银行业机构乡镇覆盖率达97.9%。特别是近年来，商业银行通过设立分支机构、代理服务点和ATM等自助服务终端及个人远程终端等方式不断拓展服务半径，扩大服务覆盖范围，实现业务下沉。

大银行占主导地位，普惠信贷利率逐年走低。以普惠型小微企业贷款投放为例，市场参与者主要包括大型商业银行、股份制商业银行、城市商业银行以及农村金融机构。图4-3和图4-4显示，大型商业银行发挥着头雁作用，其普惠型小微贷款余额占总余额的比重从2019年第一季度的25.9%升至2023年第四季度的39.8%；普惠型小微贷款余额增速始终高于市场平均水平，保持在30%以上。凭借自上而下的政策引领和组织建设，叠加自身在资金成本、渠道、产品服务以及金融科技方面的优势，大银行成为普惠金融发展的中坚力量。根据国有六大行2023年年报，大型商业银行普惠型小微企业贷款表现如表4-2所示，中国建设银行规模最大（30 400亿元，317万户）；中国工商银行增速最快（43.7%），中国邮政储蓄银行[②]普惠型小微企业贷款在总资产中占比最高（9.26%）。大银行新发放普惠型小微企业贷款利率在逐年降低。表4-3显示，2018年至2023年，国有六大行新发放普惠型小微企业贷款利率与一年期LPR的平均利差从101BP收窄至31BP。2023年，交通银行（3.43%）、中国银行（3.54%）、中国工商银行（3.55%）的普惠贷款利率已经相当接近甚至低于基准利率水平（3.45%）。

---

① 农村金融机构包括农村商业银行、农村信用社、农村合作银行和新型农村金融机构。
② 中国邮政储蓄银行由于历史原因，定位服务于"三农"、城乡居民和中小企业，尤其是在农村和偏远地区拥有大量的网点下沉，近70%的营业网点位于县及县以下的地区。尽管其业务模式和服务对象与传统五大行存在差异，但本章仍按照监管机构口径将其纳入国有大型商业银行范畴。

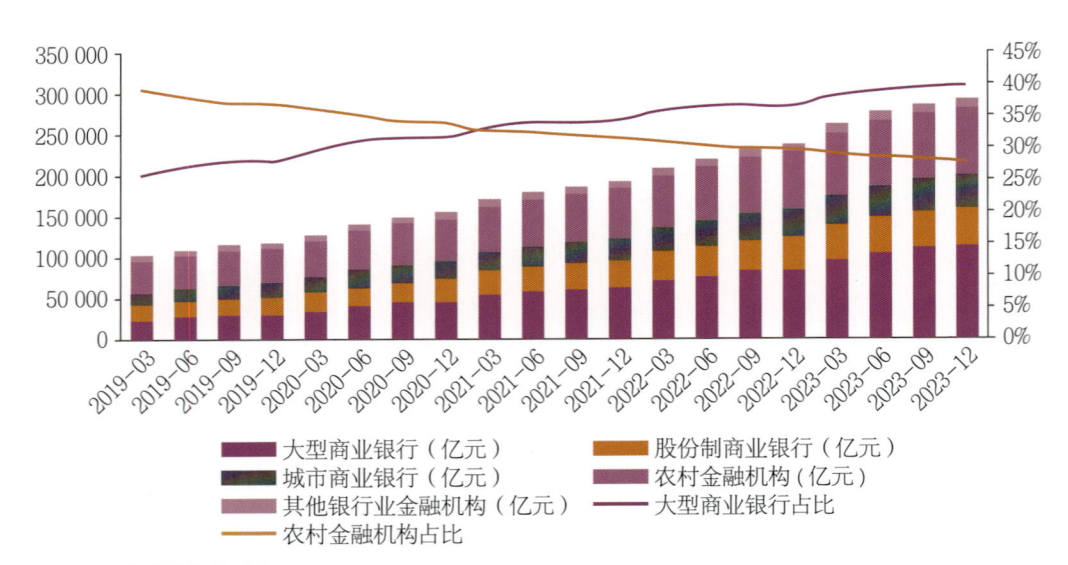

资料来源：国家金融监督管理总局。

图4-3 银行业机构普惠型小微企业贷款市场份额

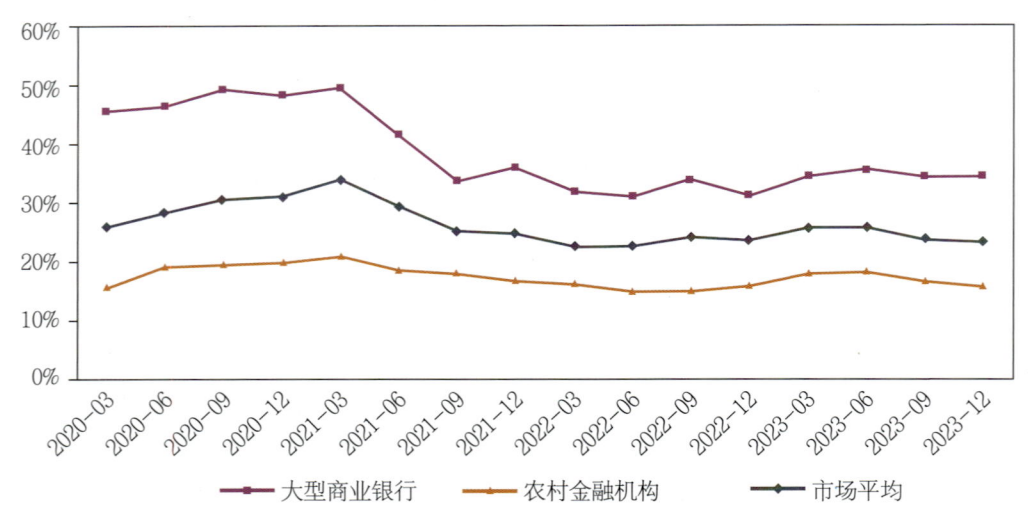

资料来源：国家金融监督管理总局。

图4-4 大型商业银行和农村金融机构普惠型小微企业贷款增速

表 4-2 大型商业银行普惠型小微企业贷款表现（2023 年）

银行	普惠型小微企业贷款余额（亿元）	普惠型小微企业贷款增速	普惠型小微企业贷款客户（万户）	普惠型小微企业贷款余额占总资产比例
中国建设银行	30 400	29.40%	317	8.17%
中国农业银行	24 583	39.00%	354	6.71%
中国工商银行	22 278	43.70%	147	5.25%
中国银行	17 585	43.20%	107	5.42%
中国邮政储蓄银行	14 567	23.30%	217	9.26%
交通银行	5 903	29.30%	34	4.20%

资料来源：各银行年报。

表 4-3 大型商业银行新发放普惠型小微企业贷款利率

银行	2018 年	2019 年	2020 年	2021 年	2022 年	2023 年
一年期 LPR	4.31%	4.31%	3.91%	3.85%	3.68%	3.45%
中国建设银行	5.29%	4.95%	4.31%	4.16%	4.00%	3.75%
中国农业银行	5.86%	4.66%	4.18%	4.10%	3.90%	3.67%
中国工商银行	4.95%	4.52%	4.13%	4.10%	3.84%	3.55%
中国银行	5.27%	4.30%	3.93%	3.96%	3.81%	3.54%
中国邮政储蓄银行	—	6.18%	5.46%	5.19%	4.85%	4.61%
交通银行	5.21%	4.58%	4.08%	4.00%	3.75%	3.43%

资料来源：各银行年报。

中小银行和农村金融机构填补服务盲点。农村金融机构数量众多、辐射面广，扎根到大银行服务有限、普惠金融覆盖薄弱的基层和乡村，是普惠金融生态体系中不可或缺的重要部分。图 4-3 显示，2019 年第一季度到 2023 年第四季度，农村金融机构发放的普惠型小微贷款余额占总余额的比重从 39.3% 滑落至 28.1%，增速低于市场平均。尽管面临大银行的掐尖和竞争，农村金融机构仍扮演着服务本地小微企业和"三农"客户的关键角色，尤其着力乡村振兴、脱贫攻坚等重点领域，补足普惠金融建设短板。其中的佼佼者包括常熟农商银行、张家港农商银行，以及服务小微企业和农村金融的部分城市商业银行，如浙江泰隆商业银行等。

（三）全球数字普惠金融发展迅速，我国居世界前列

新技术与数字化重塑全球普惠金融格局。从互联网金融到金融科技、数字金融，数字技术的快速迭代创新彻底改变了金融业的形态，成为全球普惠金融发展的新方向。在这一背景下，2016年中国人民银行联合二十国集团财长发布《G20数字普惠金融高级原则》，提出了"数字普惠金融"的概念，即一切通过使用数字技术以促进普惠金融的行动，包括运用数字技术为无法获得金融服务或缺乏金融服务的群体提供一系列正规金融服务。从业务类型上看，数字普惠金融涵盖各类金融产品和服务（如支付、转账、储蓄、信贷、保险、证券、财务规划和银行对账单服务等），通过数字化或电子化技术进行交易，如电子货币（通过线上或者移动电话发起）、支付卡和常规银行账户。

全球数字普惠金融服务持续增长。在全球范围内，金融服务的获取方式发生了巨大变化，ATM和银行网点等传统渠道正在减少，数字金融平台如网上银行和移动支付则蓬勃兴起。数字金融服务接入点的增加促进了全球数字普惠金融服务的持续增长，无论是数字金融交易数量还是交易金额的增加。根据国际货币基金组织（IMF）发布的金融准入调查（FAS），非洲是全球移动支付增长最为迅速的地区，2021年至2022年，移动支付交易额占地区GDP的比重从26%增加到35%。而在欧洲和西半球，网上银行的使用更为普遍，仅2022年，每1 000名成年人的网上银行交易量就增加了20%以上。疫情期间数字服务的广泛应用在促进数字普惠金融方面发挥了重要作用。根据世界银行2021年的全球普惠金融调查（Global Findex Database，GFD），近2/3的成年人在过去一年中使用过数字支付，较2014年增加了20个百分点。疫情还间接导致发展中国家商户的数字交易增加，疫情期间37%的消费者向零售商进行过数字支付，其中将近1/4的消费者是第一次尝试。尽管过去十年间全球普惠金融取得了显著进展，76%的成年人口拥有金融机构或移动支付账户，比例较2011年的51%有了显著提升，但对于女性、农村家庭、低收入国家等微弱经济体而言，如何促进普惠金融服务可获得性仍是全球减少极端贫困、促进共享繁荣的关键变量。

中国数字普惠金融发展迅速，已处于世界前列。依托大数据、云计算、人工智能等新技术的应用，数字化已渗入普惠金融服务的各个环节，有效促进了金融信息共享，降低了交易成本和金融服务门槛，扩大了普惠金融服务的范围。传统金融机构和科技公司中数字支付、互联网保险、智能投顾、供应链金融等各种普惠金融新业态不断涌现，使普惠金融服务链条更加顺畅。图4-5显示，根据世界银行全球普惠金融调查，截至2021年，我国金融账户拥有率88.7%，借贷参与率55.7%，数字支付使用率86.2%，分别高出世界平均水平12.5、2.8和22.1个百分点。相关指标不仅远高于中等收入经济体的平均水平（账户拥有率72.4%，借贷参与率49.8%，数字支付使用率57.5%），并且已经接近高等收入经济体水平（账户拥有率96.4%，借贷参与率64.9%，数字支付使用率94.6%），说明我国数字普惠金融发展水平已位居世界第一梯队。

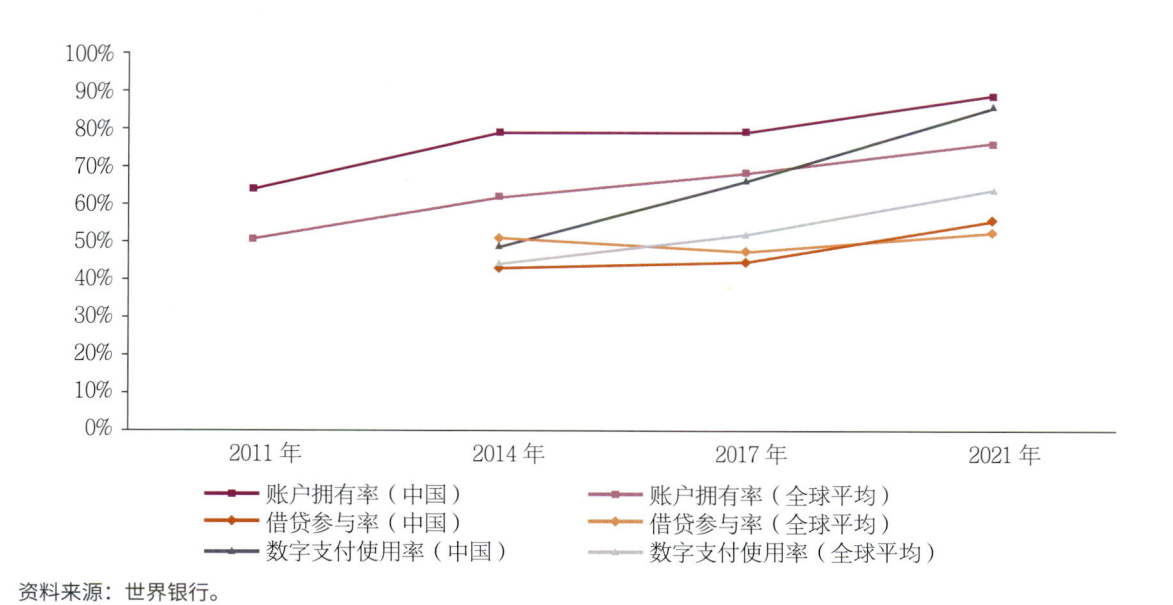

图 4-5 中国与全球数字普惠金融指标

资料来源：世界银行。

三、发展面临的问题和挑战

（一）普惠金融生态体系尚未健全

高质量的普惠金融生态体系是指由各类普惠金融服务提供方尤其是扮演核心角色的大中小商业银行在各自领域内发挥优势、各司其职、进行差异化竞争而共同构建的多层次、可持续、包容性强的金融系统，让普惠金融发展成果惠及更广泛的社会群体。这主要包括两个方面，一是大中小银行发挥优势，有各自的生态位。大银行资源和技术实力强，可以在普惠金融生态系统中扮演引领者的角色。中小银行接近基层，可以满足那些大银行无法或不愿涉足的小额贷款、农村金融等长尾需求。二是大中小银行间合作和协同。这种合作可以体现在资源共享、风险分担、技术创新等方面。当前，我国高质量的普惠金融生态体系尚未健全，表现为中小银行数字化转型突围困难以及大银行低价竞争扭曲金融生态两方面。

中小银行数字化转型突围困难。传统银行的数字化转型涉及基础数据、技术研发、人才培训、平台运营、对外拓展能力等方方面面。在传统的线下竞争中，中小银行凭借接近本土客户、深入乡镇基层、提供个性化服务等优势尚能与大银行进行差异化竞争。但在数字化转型的浪潮中，谁拥有数据资源，谁拥有开发和运用数字技术的能力，谁就具有更强大的生命力和竞争力。大型金融机构在人才吸引、技术储备、研发投入等方面占有优势，更在数字化转型方面捷足先登，远远领先中小机构。中小银行是普惠金融供给体系的毛细血管，面对大银行全面参与普惠金融的竞争，其在线上获客、资金成本、风控能力等方面都无法与之抗衡。特别地，大银行竞争优势的长期存在，使中小银行的优质客户不断流失，大行掐尖现象持续存在对普惠金融原生态构成威胁。前文数据显示，截至2023年第四季度，大银行普惠型小微企业贷款余额115 782.91亿元，占比39.8%；农村金融机构普惠型小微企业贷款余额81 586.41亿元，占比28.1%；而在2019年的第一季度，大银行和农村金融机构的市场份额分别是25.9%和39.3%。二者份额此消彼长之间折射的是中小银行在面对数字化转型和大银行竞争中突出重围的劣势与困难。

大银行低价竞争扭曲金融生态。普惠的"惠"并非指普惠金融机构必须以低价提供服务，而是指金融服务与产品能惠及更多的经济主体，特别是原先遭受金融排斥的那些微弱群体。监管部门在政策导向上一方面追求信贷覆盖面的扩大，能使更多的主体享受到必要的金融服务；另一方面又要求商业银行必须以较低的成本提供服务。这构成了两难：低成本服务最终必然指向其中的头部客户（即出现所谓的掐尖效应），导致大量的尾部客户得不到服务，违背"普惠"的初衷。图4-6显示，大银行户均普惠型小微企业贷款规模呈现出逐年上升的趋势，掐尖效应明显，以中国银行为例，户均贷款规模从2018年的80.1万元翻倍上升至2023年的164.3万元；而一些中小银行如紫金农商银行却具备下沉经营的内生动力，户均贷款指标明显下降。上海财经大学小企业融资研究中心的调研发现，一些大银行凭借资金优势以基准利率甚至低于基准利率发放贷款给小微企业，其利率水平与深耕普惠金融业务的小型机构的定价差距巨大。根据有披露普惠型小微贷款利率数据的12家上市银行年报，图4-6进一步佐证了大银行低价定价现象的存在。图4-6显示，2018—2023年，国有六大行新发放普惠型小微企业贷款利率（黄色实线）与一年期LPR（灰色虚线）的利差持续收窄，六家银行平均从101BP下降至31BP；个别银行的定价已逼近甚至低于基准利率水平，如交通银行（3.43%，-2BP）、中国银行（3.54%，9BP）以及中国工商银行（3.55%，10BP）。与此同时，中小银行却一直以远高于大银行的利率发放普惠型小微企业贷款，如宁波银行（6.15%，270BP）、重庆农商银行（4.75%，130BP）等，中小银行在利率优惠方面与大银行差距悬殊，难以与之抗衡。尽管在客观上大银行迎合监管要求以低价提供信贷降低了小微企业的融资成本，但却在长远层面伤害了普惠小微金融的可持续发展。一方面，定价过低导致大银行普惠业务收益无法覆盖风险，长期无法盈利将使其普惠业务难以为继；另一方面，大银行不计成本的低价竞争违背市场规律，进一步挤占中小银行的生存空间，扭曲了普惠金融生态体系。事实上，低价竞争的苦果已经在银行的经营业绩上得到显现。根据各家上市银行披露的2023年年报，营收下滑、息差收窄、逾期上升是大中小银行面临的共同困境。这固然有外部经济环境的客观因素，小微企业作为最先感知经济冷暖的脆弱群体，在过去几年中普遍面临外贸订单减少、主营业务收缩、客户付款周期拉长、疫情延期还款到期等困境。但与此同时，银行在过去几年中不计成本地竞逐客户、低价推广普惠信贷，也是导致其普惠业务风险敞口过度暴露、净息差收窄、普惠金融资产质量下滑的关键原因，深刻影响商业银行普惠业务的可持续性。

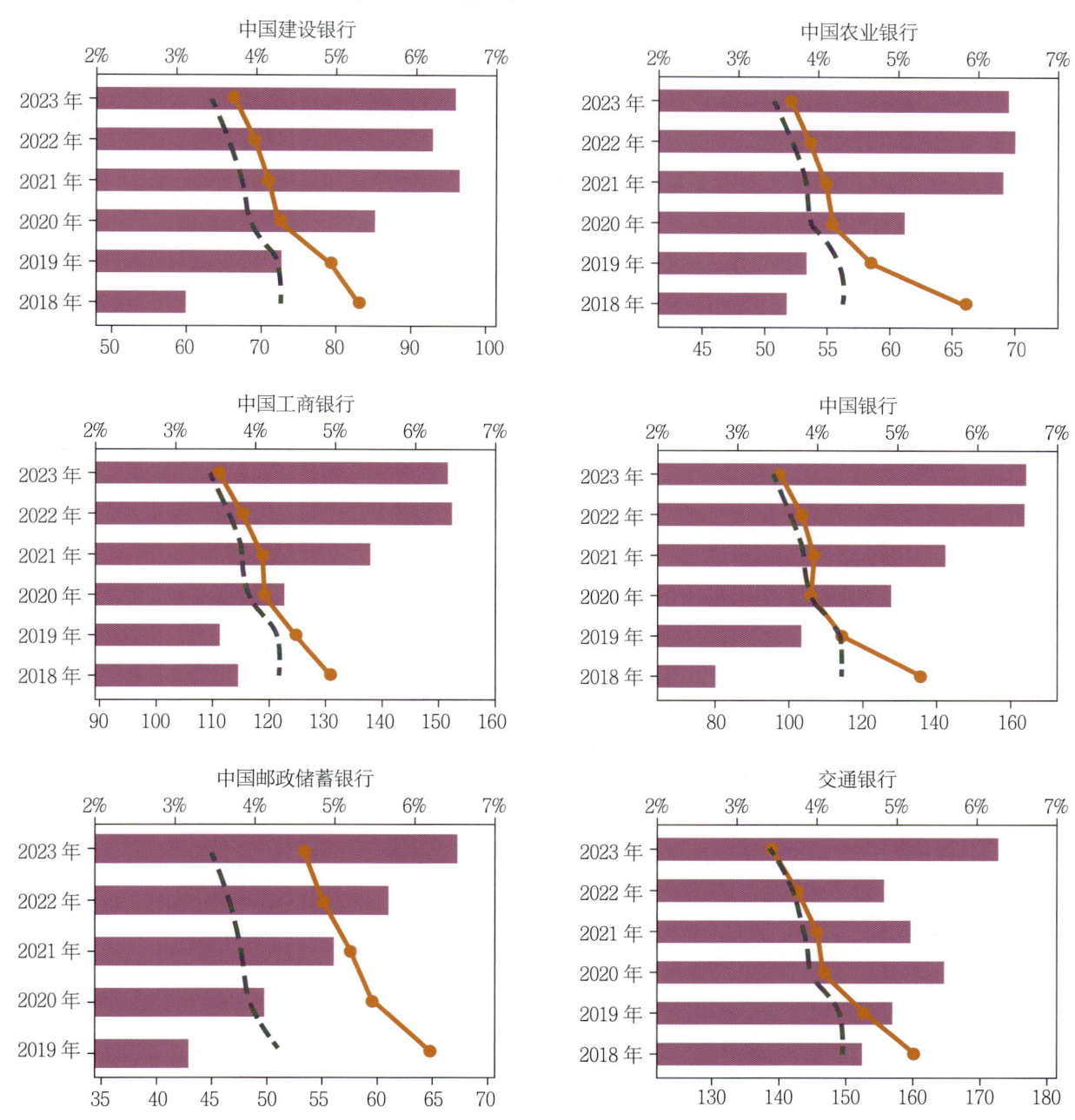

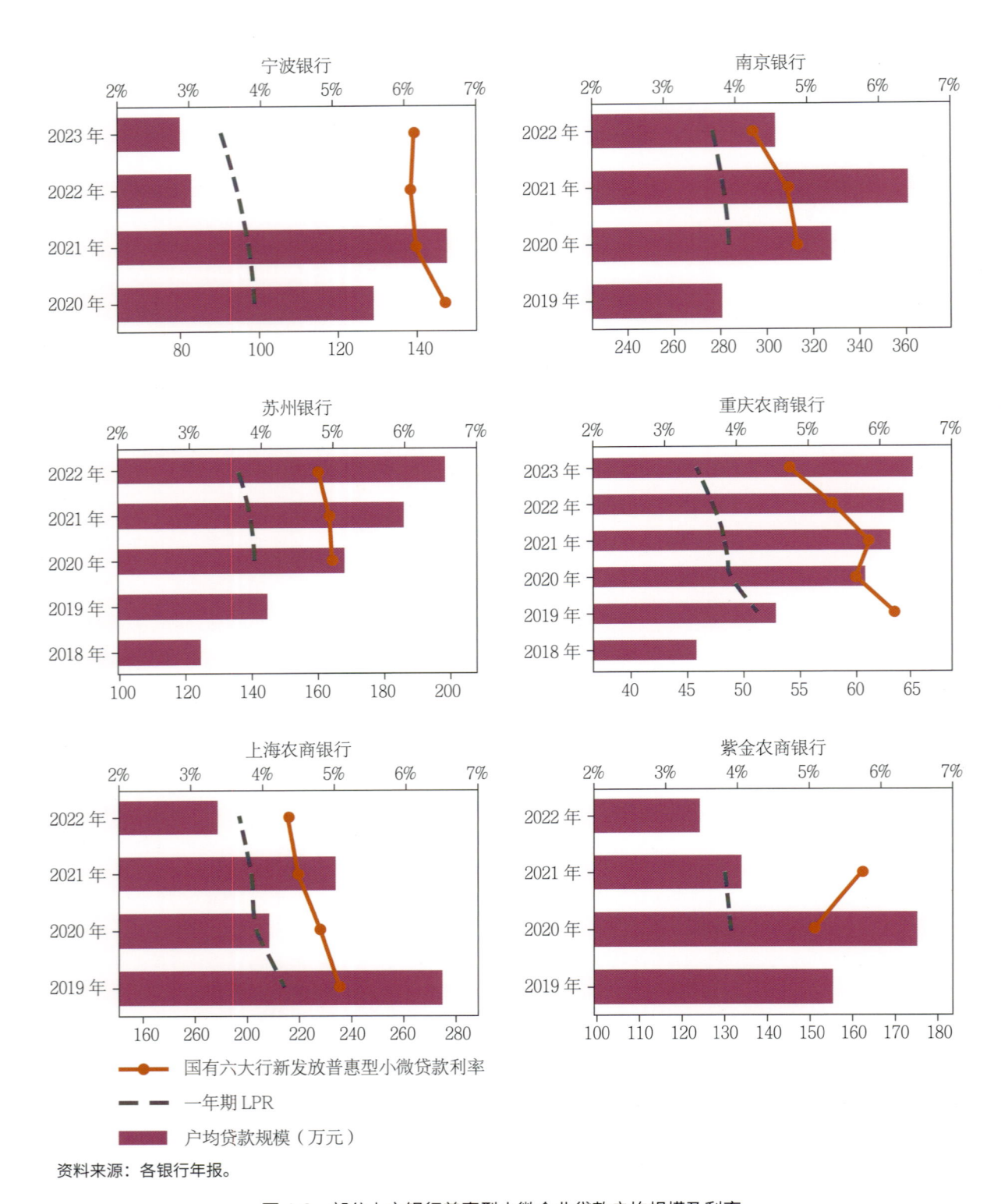

图 4-6　部分上市银行普惠型小微企业贷款户均规模及利率

资料来源：各银行年报。

（二）普惠金融发展存在地区和群体差异

普惠金融整体发展速度较快，但存在服务地区和受惠群体不均衡的问题。金融资源向经济发达地区、城市地区集中特征明显，农村金融仍是中国普惠金融体系中最薄弱的环节。从最基本的产品和服务的可获得性来看，虽然通过分支机构、代理网点的设立拓宽了金融机构在农村地区的服务半径，但在一些偏远的自然村，居民离最近的金融机构或助农服务点仍存在一定距离；商业银行分支机构、新型农村金融机构的分布集中在东南沿海乡镇，仍未遍及中国所有农村偏远地区，尤其是中西部农村地区。更重要的是，对于最需要普惠金融服务的贫困地区、少数民族地区和偏远地区，普惠金融的发展程度明显落后。

数字普惠金融尚未弥合地区差异。由于数字鸿沟的存在，农村居民对于数字化金融服务的认知有限，新技术和数字化对偏远农村地区普惠金融业务的拓展性和便利度的提升有限。图4-7显示，根据北京大学发布的中国数字普惠金融指数，2022年，中国数字普惠金融发展前五名的省级行政区分别为上海、北京、浙江、江苏、福建，全部位于东部沿海地区；后五名的省级行政区分别为贵州、吉林、新疆、西藏、青海，分布在东北和西部地区。从数字金融的覆盖广度、使用深度和数字支持程度三个维度比较，2022年，数字普惠金融发展最高的行政区与最低的行政区之比分别为1.34、1.79和1.14，说明地区差异的广泛存在，尤其是在数字普惠金融使用深度方面差距明显。北京大学数字金融研究中心的研究更进一步指出，在县域层面，东部区县的数字普惠金融发展程度远高于西部和东北部区县。因此，如何促进农村欠发达地区居民广泛接触、熟练使用各类数字金融产品，提高其对数字金融服务的依赖度，消弭数字鸿沟，仍是推进普惠金融高质量发展道路上亟待解决的问题。

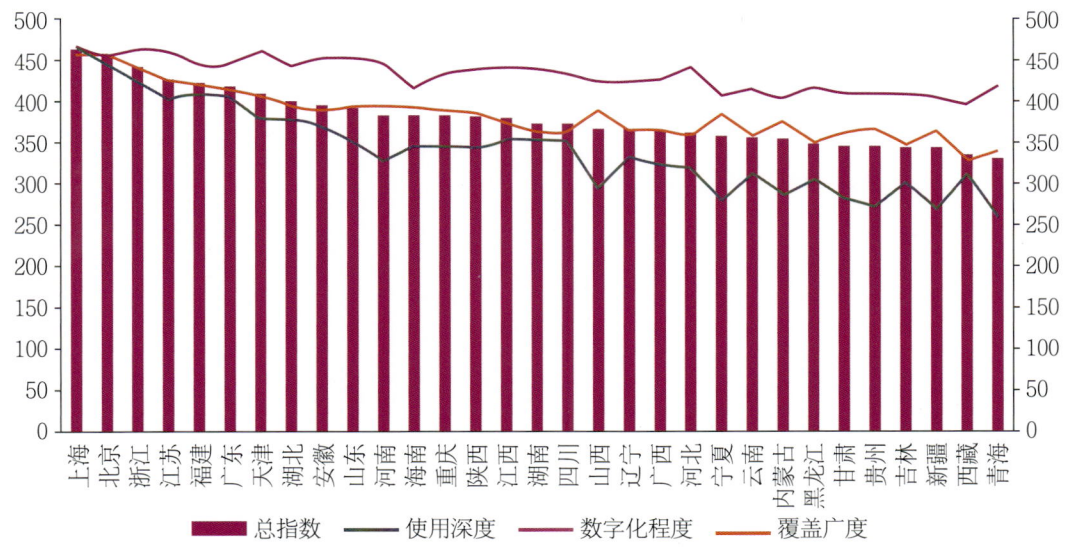

资料来源：北京大学数字金融研究中心。

图 4-7　2022 年各省份数字普惠金融指数

普惠金融服务出现群体马太效应。长期以来，在"增量扩面、提质降本"的监管要求下，银行普惠信贷业务经历了井喷式的高速成长，这与相对有限的市场增量构成矛盾。银行信贷市场上的竞争，使普惠金融服务加剧向头部客户，尤其是专精特新企业以及科技型的中小企业进一步倾斜。银行向这些优质企业大量推送普惠金融产品，优质客户被不同的银行多次开发，而更多小微企业、个体工商户等微弱经济体的长尾需求却难以得到满足，现有的金融产品与服务无法覆盖基数庞大的长尾客户群体。普惠金融服务群体陷入头部供给过剩、尾部无人问津的马太效应。

不仅如此，为了迎合银行等信贷机构开发头部优质客户、维持普惠信贷增长的需求，各种类型助贷机构应运而生。据商业银行一线工作人员透露，银行利用信贷中介或助贷机构开展普惠信贷业务已经颇为常见。而过度依赖中介机构发放贷款不仅会损害自身的普惠业务的服务能力，而且也会催生第三方机构与客户合谋提供虚假信息骗取贷款、无担保资质承诺兜底、套取信贷资金高利转贷、对贷款人进行暴力催收等各种不法行为[①]。普惠金融的初衷在于将原本被金融排斥的微弱群体纳入主流的金融服务体系，帮助他们融入社会经济活动中。目前普惠金融服务供给过度集中于头部客户，无法释放长尾客群需求，造成信贷存量市场不断内卷，银行风险过度集中，难以更大程度地发挥普惠金融促进微弱经济体发展的初衷。

（三）数字普惠金融风险逐步显现

数字普惠金融产生的业务风险不断凸显。金融科技的发展日新月异，各类数字普惠金融服务新业态、新模式不断推陈出新，金融风险暴露也开始增加，呈现出波及面大、严重程度高等特征，这考验着监管机构的监管水平，即如何在鼓励金融创新和监管金融风险两大目标之间取得平衡。数字普惠金融业务产生的风险来自两个方面。一是其金融活动的共性特征。这些风险包括信用风险，借款方可能无法按时或按约还款；流动性风险，金融机构或平台无法满足债务到期或客户提取资金的能力；结算风险涉及支付和结算过程中出现的风险；以及数字金融平台被不法分子用于洗钱或其他非法活动而产生的反洗钱风险。这些金融活动的共性风险随着数字普惠金融服务的深化而愈发凸显，亟须监管机构及时有效地识别和应对。二是尚未完善的法律和监管框架成为风险产生的关键因素。随着金融科技的快速发展，法规和监管滞后于创新，可能导致监管缺失或不足，无法有效约束数字金融平台经营者的行为。这种监管缺失和滞后性可能引发道德风险，即金融机构或平台经营者可能利用监管漏洞进行不端操作，甚至存在蓄意违规、非法集资、金融欺诈等行为，最终对整个金融体系的稳定和安全造成潜在威胁[②]。

---

① 例如，银保监办发〔2023〕20号：丁某某与其关联人存在通过注册空壳公司并转让等方式帮助他人套取经营贷、提供基于购置房屋和其他资金需求的多种中介服务等违法行为，涉及银行信贷业务超过20亿元。具体表现形式为：提供经营贷资质包装、提供受托支付通道、提供短期垫资服务、团伙成员申请贷款等形成资金池。
② 影响深远的例子便是P2P网贷行业，由于缺乏监管，许多P2P平台背离信息中介初衷，违规进行担保、设立资金池，

数字普惠金融更要关注数据要素衍生的风险。数据在资源配置中的重要性日益凸显，针对数据的创新和服务层出不穷，给消费者带来许多便利的同时，也潜藏着许多风险。在数据流通共享的过程中，信息主体面临的风险至少包含如下三点。一是数据泄露、身份欺诈的风险。借助信息技术，金融服务不仅可以以更低的成本更快地触达消费者，欺诈者也能够更快地获取消费者信息，盗取消费者身份，甚至针对性地进行诈骗，给消费者带来经济损失；盗窃他人身份进行信贷等金融活动，还可能影响到消费者的信用与金融服务的可得性。二是自身信息被滥采滥用的风险。面对强制授权和过度采集信息的 App，数据主体实际上缺乏"议价权"，无法有效保护自己的个人信息。超出使用目的收集数据不仅违反数据保护的要求，还会导致数据滥用，如通过针对性的广告投放和营销诱导消费者做出有利于企业的决策，产生侵害消费者的权益的行为：大数据杀熟、诱导过度消费，甚至在国外有利用大数据影响选民行为等。三是不恰当的信息搜集或处理也可能侵害消费者的"声誉"资产，影响普惠金融服务的可得性。金融科技挖掘出了个人信息的信用价值，然而，当个人信息的准确性出现问题时，相应的信用评价也可能受到有偏的、负面的影响，最终影响消费者的金融可得性，或是影响金融契约的利率、期限等条款安排，如造成消费者不得不支付更高的利率去获得信贷等金融服务。在错误的、遗漏的信息可能对消费者的"声誉抵押品"产生影响外，信息处理的不当也可能侵害信息主体的权益，例如歧视性的算法可能会违背普惠金融的公平性要求。表 4-4 呈现了 2023 年部分涉及数据安全的金融机构处罚记录，超过千万元的罚单共有 8 张，总金额达 74.4 亿元，违法机构包括平台金融、银行两类。主要的违法行为包含违反信用信息采集、提供、查询及相关管理规定；未按规定保存客户身份资料和交易记录等。

表 4-4　　　　2023 年部分涉及数据安全的金融机构处罚记录（1 000 万元以上）

日期	违法机构	违法行为类型	罚金（万元）	处理机构
2023.7.7	蚂蚁集团	侵害消费者合法权益，包括侵害消费者知情权，未按规定处理部分消费者个人信息等	263 270.44	国家金融监督管理总局
2023.7.7	财付通	未按规定保存客户身份资料和交易记录；违反消费者金融信息保护管理规定等	242 677.83	中国人民银行

甚至以高息为诱饵发行欺诈性金融产品，导致风险敞口暴露。如 e 租宝非法集资案值达 500 多亿元，受害人数 91 万人；上海快鹿集团非法集资 400 多亿元，投资者损失超过 100 亿元；钱宝网未兑付本金超过 300 亿元。这些新兴数字金融业务的爆雷不仅给投资者财产造成严重损失，损害投资者对数字普惠金融的信心，更导致了巨大的金融风险暴露，金融体系内的风险传导机制会进一步危及我国整体金融安全和社会稳定。

(续表)

日期	违法机构	违法行为类型	罚金（万元）	处理机构
2023.7.7	支付宝	违反防范电信网络新型违法犯罪有关事项规定；违反消费者金融信息保护管理规定等	223 115.39	中国人民银行
2023.12.1	中国银行	违反信用信息采集、提供、查询及相关管理规定；未按规定保存客户身份资料和交易记录等	3 664.20	中国人民银行
2023.7.7	平安银行	违反信用信息采集、提供、查询及相关管理规定；违反消费者金融信息保护管理规定等	3 492.50	中国人民银行
2023.7.7	中国邮政储蓄银行	违反信用信息采集、提供、查询及相关管理规定；未按规定保存客户身份资料和交易记录等	3 186.00	中国人民银行
2023.12.1	汇付支付	未按规定保存客户身份资料和交易记录等	3 172.37	中国人民银行
2023.3.13	渤海银行	违反信用信息采集、提供、查询及相关管理规定；违反征信安全管理规定；未按规定保存客户身份资料和交易记录等	1 589.49	中国人民银行

资料来源：作者根据相关资料整理。

四、发展建议

（一）健全差异化的普惠金融生态体系

明确大银行发展普惠金融的定位，推动中小银行融智赋能。普惠金融的"惠"不在于提供低价服务，而在于令更多微弱经济体受惠。大银行应当支持普惠金融高质量发展，尤其是数字普惠金融可持续发展，而非用更低的利率对中小银行的优质客户进行掐尖，最终演变成单纯的价格竞争。当前，银行业金融机构面临服务对象经营困难、整体资产缩水、较大面积坏账产生等经营挑战，大银行应当通过产品创新拓展盈利空间，扩大普惠金融覆盖面和深度、降低不良率以实现可持续发展。这就要求大银行避免把机构运营的高成本低效率转嫁给客户。这是普惠金融长期努力的使命与最终目标。对中小银行来说，当前小微信贷领域的市场竞争加剧，贷款利率持续下行、息差收窄，效益实现难度加大。小微普惠金融呈现出"两高两难"的新特点，即经营成本高、服务要求高、信息对称难、效益实现难。同时，经济转型升级促使传统小微企业不仅需要融资支持，还需要融智赋能。因此，中小银行必须立足客户需求变化，加快"从融资到融智"，满足微弱经济体的"金融＋非金融"需求，从单一的资金借贷方转型成为综合服务的供给者，打造银企共赢的生态圈。例如，浙江泰隆商业银行探索落地以社区化为核心的商业模式，运用广义的"三品三表"（人品、产品、物品、水表、电表、海关报表）、"两有一无"（有劳动意愿、有劳动能力、无不良嗜好）等小微信贷技术，为小微客户提供从"融资"到"融智"的综合服务，把握小微客户潜在需求。充分发挥小银行对市场竞争敏感、响应客户需求迅速以及维护小额客户黏性等方面的优势。

监管要尊重市场规律，引导大中小银行错位竞争，实施差异化考核政策。在鼓励、支持大银行参与普惠金融业务的同时，监管机构要着力突出市场化，引导和尊重普惠金融市场规律，应避免考核指标在不同机构间搞"一刀切"。引导大中小银行、农村金融机构间进行错位竞争、各司其职，营造良好的普惠金融生态体系。尤其在当前监管考核仍是发展普惠金融主要推力的背景下，监管机构在标准制定上要采取差异化政策，出台分类监管指南，针对不同的金融机构类型与经营特点进行"量体裁衣"，不能继续"眉毛胡子一把抓"，充分考虑国有大型银行、股份制商业银行、城市商业银行、农村金融机构、非银金融机构（小额贷款公司、消费金融公司等）普惠金融经营主体的个性化差异。此外，政策制定与监管部门在传统的贷款规模和户数、新发放贷款利率等考核指标之外，还要制定一套科学、细致、全面的普惠金融指标，推进衡量普惠金融的财务比率形成，如有效客户数、平均单笔贷款余额、风险贷款率、信贷员平均贷款规模、信贷员平均客户数、客户流失率、信贷员与员工总数比等，以更好地指导市场差异化竞争。当前，央行将普惠小微贷款的认定标准由现行单户授信不超过1 000万元放宽到不超过2 000万元。这种对大小银行一刀切、过于宽松的认定标准有待商榷。过高的认定标准不仅偏离普惠金融服务于微弱经济体的初衷，反而更有利于大银行将大额贷款化整为零以满足监管指标，同时会导致过度授信以及"挑肥拣瘦"的情况出现。与一刀切地调整认定标准相反，监管政策应着力对中小银行进行倾斜和优惠，如调整财政存款资金的额度和利率，支持鼓励中小银行开发普惠金融创新产品等。

中小银行发展数字普惠金融要坚持线上与线下相结合。普惠金融的服务对象是贫困人群、农村人口、小微企业等弱势群体和微弱经济体，服务对象的性质决定了数字普惠金融无法全盘线上化。尤其是小微普惠金融，小微企业的经营涉及百行百业，经营管理及资金需求特征差异明显，数据化程度悬殊。小微企业既需要借助线上金融科技，实现提质增效，也需要依托线下社区化，获取综合服务；既需要线上便捷的标准化服务，也需要线下专业的个性化服务。对银行来说，发展数字普惠金融也面临着线上与线下的权衡。一方面，普惠金融纯线上化难以真正实现信息对称；另一方面，如果不发展科技金融，就会在市场中逐渐失去竞争力，尤其是对中小银行而言。因此，发展数字普惠金融要坚持线上与线下相结合，中小银行在注重数字化发展同时，也需发挥传统线下模式触客、获客的优势及服务特点，才能保持差异化竞争优势，在普惠金融生态体系中拥有自己的生态位。

（二）弥合地区群体间普惠金融发展的鸿沟

推动农村信息数字化新基建。政府应加大投入，推动数字基础设施在偏远地区和农村地区的建设。一是数字化网络基础设施建设。提升互联网覆盖和通信网络质量，确保农村地区居民能够充分接入数字金融服务平台。并且加快现有网络、农村水利、冷链物流等基础设施数字化转型，将农业生产销售纳入原始数据获取程序。二是征信平台建设。征信平台的赋能不仅仅是收集评估经济体信用信息，更是为小微企业、三农客户等微弱经济体提供支持和引导。政府可以通过征信平台提供专业的信用修复咨询和指导，协助其改善信用状况。金融机构可以通过征信平台数据更精准地评估信息风险，降低信息不对称性，为弱势群体提供更多金融支持与融资机会，降低他们获得融资的门槛和成本。2024年4月，国务院办公厅发布《统筹融资信用服务平台建设提升中小微企业融资便利水平实施方案》，按照加强平台优化整合、信息归集共享、数据开发利用和网络安全保障等基本思路，推动构建全国一体化融资信用服务平台网络，缓解银企信息不对称难题，为中小微企业提供高质量普惠金融服务。三是地方信息数据中心建设。通过建设统一的数据交换平台，不同部门和金融机构能够在数据共享方面实现更高效、更便捷的合作。这种信息共享机制能够消除信息孤岛，确保各类数据在政府部门和金融机构之间的流通畅通有序。例如，政府部门可以迅速地获取金融数据，有助于更好地了解微弱经济体的经济状况，做出更有针对性的政策决策；而金融机构也能够快速、准确地获取相关政策和统计数据，帮助其制定更科学的普惠金融产品和服务策略。

开展数字普惠金融教育，促进农村居民金融素养提升。金融教育在均衡地区间普惠金融发展中扮演着关键角色。应当鼓励普惠金融服务机构在学校、社区和农村地区开展针对数字金融的科普项目，提高居民对数字金融产品和服务的了解。通过教育提升金融素养，能使小微企业、"三农"客户这些微弱经济体更自信、更主动地利用数字金融工具进行财务管理、支付和投资。针对不同群体，定制化的普惠金融教育也至关重要。针对农村和偏远地区，可以推行面向农民、村民的数字普惠金融培训课程，重点关注基础普惠金融知识、农村金融、移动支付等方面的素养。同时，对于青少年和年长者等特殊群体，可以推出更贴合他们需求和兴趣的数字金融教育，例如以游戏化方式进行教学或者开设关于金融安全与风险的专题讲座。

加强金融机构能力建设，满足长尾客户需求。当前，普惠信贷总体目标调整为保量、稳价、优结构，更好满足小微企业、涉农经营主体及重点帮扶群体多样化的金融需求。这就要求银行等金融机构必须切实强化普惠金融服务的能力建设，能够充分认识到在头部客群之外，存在大量长尾需求难以得到满足。这些长尾客群以小微企业、个体工商户以及个人客户为主，与传统的头部高净值客户相比，长尾客群基数庞大、净值较低、需求呈现出个性化、多样化的趋势；同时这些微弱经济体因其经营脆弱性以及有限的认知能力，亟需外部机构进行融智赋能，考验金融机构的服务创新能力。推动普惠金融高质量发展，更好满足长尾客户需求，这就要求金融机构对自身的业务模式和信贷供给技术进行有效创新，推动"从融资到融智"，大银行向专注小微的小银行学习，从而形成银企共赢的生态圈。以可负担的成本，为有金融服务需求的社会各阶层和群体尤其是长尾经营主体提供适当、有效的金融服务。这不仅是发展普惠金融初衷的本质要求，更是金融机构适应当前宏观经济环境的必然趋势。在当前头部优质客户信贷供给接近饱和，互联网平台抢占传统金融机构客户资源，信贷市场竞争加剧、净息差快速收窄的背景下，拓展以小微企业、低收入群体为代表的长尾客群将成为金融机构普惠业务突出重围、实现可持续发展的全新立足点。

（三）加强数字普惠金融风险防范和数据安全保护

应对数字普惠金融业务风险，监管者的角色至关重要。随着数字普惠金融领域新业态、新产品、新服务层出不穷，监管者应当以灵活审慎的态度，及时建立健全监管框架。一是制定明确的法规标准，以确保数字普惠金融领域的合规性和规范性。这些法规标准应当能够适应不断变化的市场环境和技术进步，保障消费者权益，规范金融机构的行为，同时也为金融科技公司提供清晰的经营准则。二是加强对数字金融产品的监督。监督涵盖产品设计、销售和运营各环节。监管者需审慎评估各种新产品的风险特征，并确保这些产品符合法规标准，不会损害消费者的合法权益。此外，还应确保金融机构充分理解并遵守监管要求，切实落实合规风控要求。三是建立有效的监控机制和风险暴露应对预案。通过实时监测和风险评估，能够及早发现和应对可能出现的风险暴露情况。同时，建立健全的应急预案和风险管理体系，以便在风险暴露时能够及时、有效地应对并化解风险，维护金融系统的稳定性和安全性。

面对数据要素衍生的风险，数据使用者应重视个人信息保护、善用个人信息。商业机构的数据滥用会侵犯个人权益、影响个人的金融决策甚至造成金融损失，公共部门的数据滥用也会干预个人私域，对社会资源的分配包括金融资源的分配都会产生显著影响，同样应当引起重视。数据资源兼具私有属性和公共属性，降低因数据导致的金融风险关键在于对私有性的保护，而发挥数据的普惠金融效用则在于对其公共价值的利用。因此，应进一步完善针对数据使用者的限制，让商业机构和公共部门的数据使用都能做到有法可依、尊重数据主体的权益；同时，也应推动数据的善用，如保障公共部门数据的有序共享，以更好地提供公共产品、提高社会整体福利水平；更重要的是，发挥商业平台中的替代性数据，以及公共部门中公用事业信息、税务缴纳信息等替代性数据对普惠金融发展的积极作用，从而让数据真正服务于社会经济活动的需要。

五、发展展望

2023年10月，国务院印发《关于推进普惠金融高质量发展的实施意见》，将未来五年我国普惠金融发展的目标确定为建立高质量的普惠金融体系，明确了推动普惠金融高质量发展的具体路径。实施意见强调，在未来五年基本建成高质量的普惠金融体系，努力实现基础金融服务更加普及、经营主体融资更加便利、金融支持乡村振兴更加有力、金融消费者教育和保护机制更加健全、金融风险防控更加有效、普惠金融配套机制更加完善的目标。在未来，普惠金融发展将与科技金融、绿色金融、养老金融、数字金融等有机融合，围绕提升普惠金融科技水平、发挥普惠金融支持绿色低碳发展作用、支持普惠保险服务多样化养老需求、打造健康数字普惠金融生态等方面，有效发挥保护微弱经济体金融健康、提供重点帮扶群体多样化的金融需求、推进数字普惠金融发展的政策初衷，做好普惠金融大文章，建设中国特色的高质量普惠金融体系，为推进中国式现代化提供金融支持。

推动普惠金融高质量发展，护航微弱经济体金融健康。普惠金融不仅关注金融服务的覆盖范围，更应注重服务质量和效果。当前普惠金融服务正在经历从面的铺展到质的提升的关键转变。金融健康是普惠金融高质量发展的重要标志，依托从产品创新、数字基础设施到金融教育、消费者保护等整个普惠金融体系的全方位支持，贫困人群、农村人口、小微企业等微弱经济体能够完成自我收支平衡，维持良好的财务状态，具备抵御外部事件的财务韧性和抗风险能力；进一步实现其长远的财务规划和可持续发展目标，最终达成金融福祉。在未来，普惠金融的高质量发展将着力建立完善的金融健康指标体系，包括收支平衡、财务韧性、金融素养等多方面内容，以协助金融机构评估个体、家庭和企业的金融健康水平。此外，守护和提升消费者金融健康将成为金融机构产品和服务创新的目标，通过将普惠保险、普惠信贷、普惠理财和投资等商业模式与金融健康目标有机结合，实现金融机构与微弱经济体共赢。

从普惠信贷迈向高质量普惠金融体系。解决小微企业的融资困难，支持"三农"客户、小微企业的信贷需求是过去普惠金融工作的重心。在新的阶段，普惠金融发展将不仅仅局限于提供基本的普惠信贷服务，而是朝着更高质量、更全面的方向迈进；通过提供更多元化、更综合的普惠金融服务来满足经济体不同层次、多样化的需求，展现出普惠金融体系的包容性。其中，普惠保险、普惠理财、消费金融等服务将成为高质量普惠金融生态体系的重要组成部分。普惠保险在生态体系中起到兜底的作用，通过为低收入人群、小微企业等重点群体提供针对性的普惠保险产品，可以确保微弱经济体在面临意外风险时不至于陷入贫困的境地，维系其基本的生活经营能力，构筑社会安全网。普惠理财则满足经济体更高层次的金融需求，帮助个人和家庭在日常生活经营所需之外，能够学习利用金融工具进行财务管理，实现居民财富保值增值、增加财产性收入，提高其生活经营质量水平。

数字技术的广泛应用将持续引领普惠金融发展。一方面，数字化的进步将为普惠金融带来更多机遇，提升其发展质量和效率。随着人工智能、大数据分析、区块链等技术的不断成熟和应用，普惠金融将更加智能化和个性化。智慧风险评估和精准定价，将为个人和小微企业提供不同层次、不同需求的金融解决方案，使普惠金融的发展更加注重服务便利性、针对性和精准性。另一方面，数字技术赋能金融消费者。借助数字化技术，无论是身处城市还是农村，金融消费者将更容易获取金融知识和信息，更便捷地接入金融服务。此外，金融机构也将借助科技手段洞察客户的信用情况和风险特征，关注其金融健康，帮助消费者更好地进行赋能，实现普惠业务的可持续发展。这种正反馈的模式也将不断强化，令普惠金融能更好地服务于微弱经济体，最终实现全民普惠、共同富裕的局面。

第五章

面向新时代的养老金融

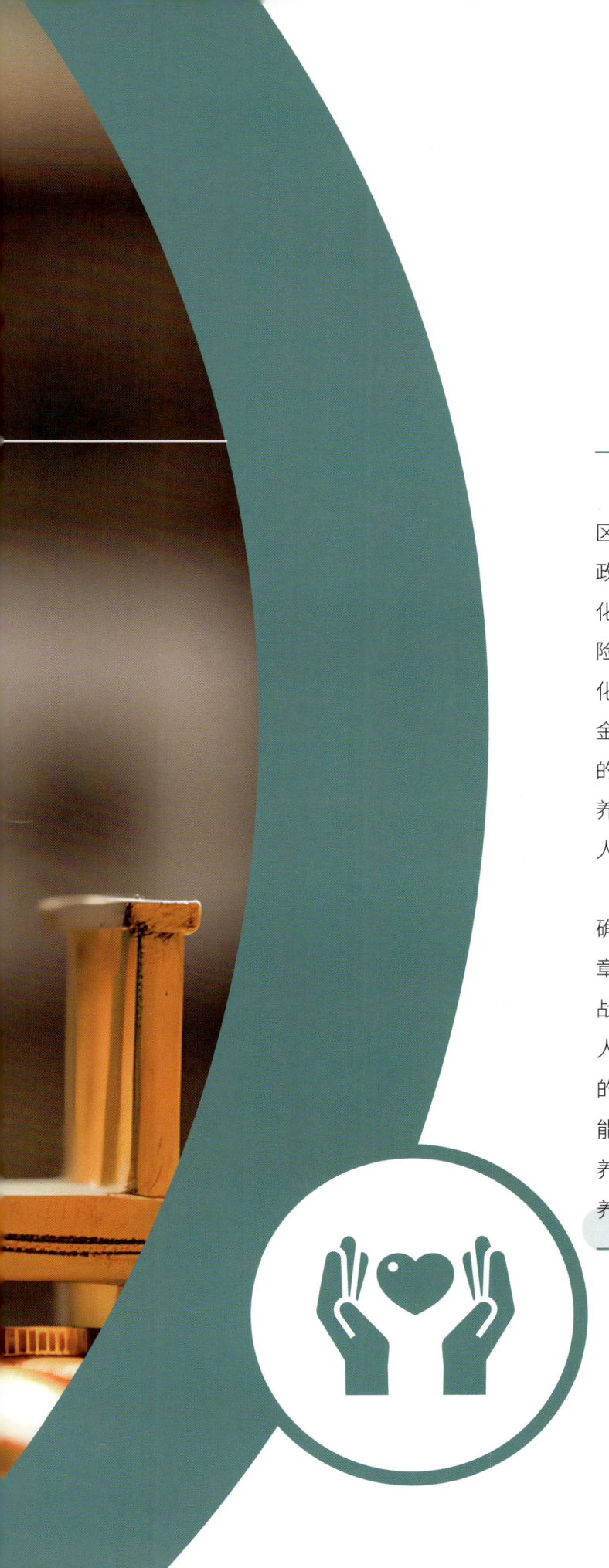

中国正在面临快速的老龄化、少子化和区域人口增减变化。在此背景下，仅仅依靠政府养老保障体系不仅难以应对人口结构变化带来的挑战，也难以满足反老年贫困、风险分散、再分配、生命周期消费平滑的多样化社会发展目标。综合运用政府公共政策和金融市场，协调"看得见的手"和"看不见的手"，通过发挥养老金融的作用解决居民养老中的各种风险和问题，是一条积极应对人口老龄化的必由之路。

第一次中央金融工作会议将养老金融明确列为推进金融高质量发展的"五篇大文章"之一，凸显了养老金融在国家金融发展战略中的重要地位。面向未来，必须坚持以人民为中心的价值取向，构建具有中国特色的新时代养老金融体系。尽管养老金融并不能完全解决国民各种养老需求，但是新时代养老金融体系的发展目标应当是为国民各种养老需求提供一揽子可信的金融解决方案。

一、养老金融概念与内涵

养老金融是指金融机构通过产品和服务的规划达成国民养老目标的各种活动的综合。也就是说，通过专业规划和资产配置与管理，帮助个人和家庭提前储备，以便在退休后维持经济稳定，并提供持续的收入来源和服务保障。通常养老金融包括养老金金融以及具有中国特色的养老服务金融等，广义上还应包括养老产业和事业的投融资活动。本报告探讨的养老金融内涵采用前者的定义，并主要包含以下两个方面：

一是养老金金融。这是养老金融的核心部分，旨在为老年人提供稳定的收入来源。它包括政府主导的公共养老金制度（如基本养老保险）以及雇主和个人发起的养老金制度（如企业年金、个人养老金等）。这些制度通过积累资金并进行投资，确保在老年人需要时提供足够的资金支持。

二是养老服务金融。这是指金融机构针对老年人的特殊需求，提供的一系列金融产品和服务，例如老年人需要的医疗保险、护理保险、长期护理保险以及各类增值服务等。这些产品和服务旨在帮助老年人应对因年龄增长而带来的健康和生活问题，最终交割的不是现金，而是各类服务。

总的来说，养老金融是一个综合性的概念，涵盖了养老金体系、养老服务金融等多个方面，不仅涉及如何通过金融产品实现养老资产的安全保值和增值，更涉及对家庭各类养老服务需求的满足。在实践中，养老金金融与养老服务金融是相辅相成、密不可分的。养老金金融为养老服务金融的运营提供经济基础，养老服务金融则丰富了养老金金融的服务内容和形式，两者共同构成了一个多元化的养老金融体系。

在新时代背景下，养老金融将面临一系列新的挑战与机遇。人口结构的显著变化和健康需求的增加，使得养老金融不仅限于传统的资金积累和投资回报，更承载了对老年生活质量保障的责任。大数据与人工智能等新兴技术的发展则为养老金融提供了新的工具和方法，使得资产配置、风险评估和服务定制更加高效与精准。因此，面向新时代的养老金融需在传统基础上不断创新，通过更加智能化和个性化的金融服务，连接各方面的养老需求与供给，保障一个高效、可持续的养老保障体系，积极应对人口老龄化。

二、养老金融发展现状

总体来看，中国养老金融尚处于发展的初级阶段。解决养老资金需求主要依靠政府社会保障体系，而满足养老服务需求高度依赖家庭养老。面对人口老龄化，政府社会保障体系、家庭养老体系承受的压力会持续加大，未来需要不断完善中国特色的养老金融体系，以满足人民群众对于养老保障的多样化需求。

（一）第一支柱"一支独大"

中国已初步建立多层次、多支柱养老保险体系，但发展极不均衡。第一支柱"一支独大"，第二、第三支柱发展严重滞后。

与养老金融较为发达的经济体相比，中国养老保险体系中三支柱的比例严重失调。2022年中国城镇职工养老保险基金结余约为5.7万亿元，城乡居民基本养老保险基金结余1.3万亿元，第一支柱合计结余约7万亿元。如图5-1所示，将第一支柱资金规模标准化为100%，第二支柱资金超过第一支柱的七成（约为5万亿元）。根据人力资源和社会保障部披露的数据，截至2023年3月底，个人养老金计划开户数达到近3 038万人，但资金积累为182亿元，人均存储仅2 022元。

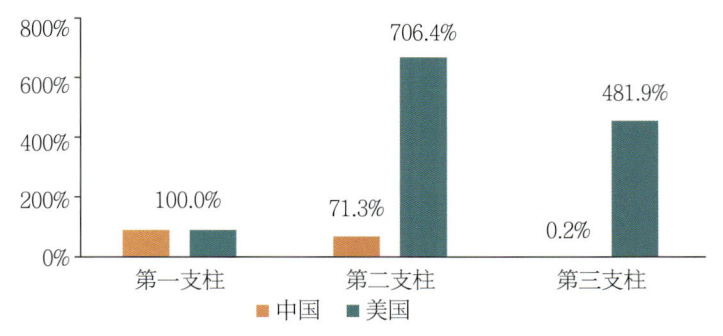

注：中国数据中第三支柱仅统计了个人养老金规模；美国数据中第一支柱统计了OASDI fund reserve，第二支柱统计了DB和DC型企业年金计划资金规模，第三支柱统计了IRA账户资金规模。

资料来源：中信改革发展研究基金会、上海财经大学公共经济与管理学院等联合发布的《2023养老金融指数报告》。中国数据来自《2022年度人力资源和社会保障事业发展统计公报》、《全国企业年金基金业务数据摘要》（2022年度）、《2022年全国职业年金基金市场化投资运营情况》；美国第一支柱数据来自 The United States Social Security Administration 的 *Summary: Actuarial Status of the Social Security Trust Funds*，第二支柱和第三支柱数据来自 Investment Company Institute 的 *Quarterly Retirement Market Data, Fourth Quarter 2022*。

图5-1 中美养老保险体系中三支柱的比例关系对比

然而从国际经验来看，由于第二、第三支柱采用积累制，通常资金规模要远远大于第一支柱。例如在美国，以企业确定给付型DB（Defined Benefit）养老金计划以及401（K）计划为代表的第二支柱基金规模约为第一支柱联邦社保基金规模的近7倍，以个人养老金IRA（Individual Retirement Account）计划为代表的第三支柱规模也达到联邦社保基金规模的4.8倍。

第一支柱覆盖广、规模大，但可持续性发展压力巨大。人力资源和社会保障部数据显示，截至2023年底，中国基本养老保险参保人数达约10.66亿。然而如图5-2所示，基本养老保险的制度内赡养率不断升高，伴随着深度老龄化、长寿化、少子化等人口结构的变化，现收现付的基本养老保险未来在可承受性、可持续性、充足性和稳健性方面都面临巨大的压力。

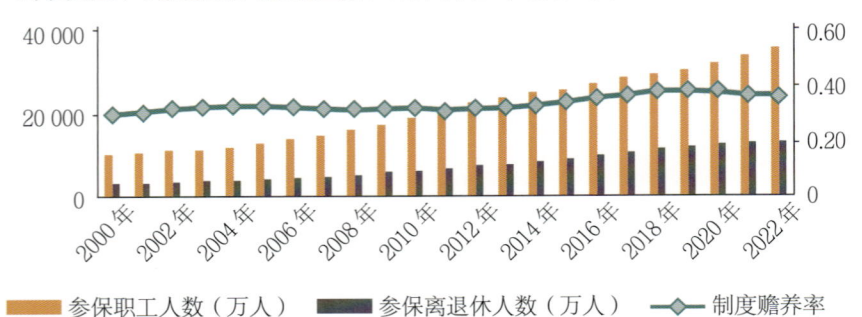

资料来源：中华人民共和国人力资源和社会保障部年度人力资源和社会保障事业发展统计公报。

图 5-2　中国城镇职工养老保险制度内赡养率

（二）第二支柱"未臻完善"

2022年全国企业年金实际运作资产金额为2.83万亿元，同比增长了8.61%，发展较为迅速。企业年金自2006年下半年开始市场化投资运作，在截至2022年的16年中，有13年实现正收益，年平均收益率为6.58%，总体运作状况良好。

然而从发展规模上看，如图5-3所示，截至2023年末，约有3 144万企业职工参加企业年金，仅占适龄劳动人口的3.6%，约占城镇职工基本养老保险参保人数的6%。除此之外，企业年金参与企业数为14.2万，不足中国企业法人单位数量的1%。由此可见，企业年金的覆盖面远远不够，且能够负担企业年金的企业一般都是规模以上企业，中小企业建立企业年金动力不足。

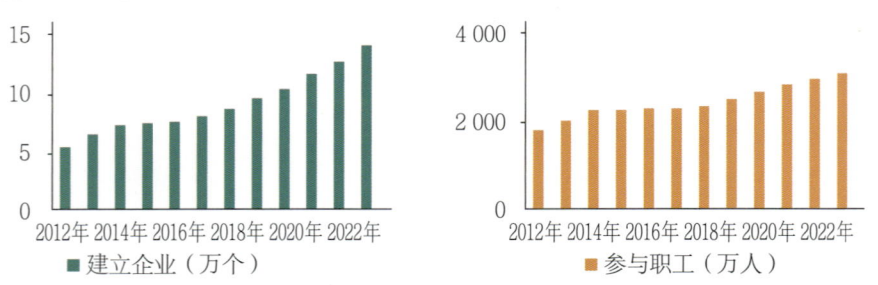

资料来源：中华人民共和国人力资源和社会保障部年度全国企业年金基金业务数据摘要。

图 5-3　企业年金发展规模

（三）第三支柱"如日方升"

个人养老金制度已于2022年11月启动实施，标志着中国第三支柱正式建立。截至2023年底，个人养老金开户数已突破5 000万人。在产品方面，根据2024年4月国家社会保险公共服务平台的个人养老金产品目录，已经上线746款个人养老金产品，包括养老储蓄产品465只、养老目标基金产品187只、养老理财产品23只以及养老保险产品71只，银行类定期存款占比较大。

从整体来看，在政府政策以及金融机构的推动下，个人养老金试点过程中的开户数达到预期水平，但是缴费规模总体仍偏低。人力资源和社会保障部数据显示，截至2023年第一季度末，个人养老金账户开户数达到近3 038万人，其中仅有900多万人完成了资金储存，实际缴费人数仅为参加人数的31.37%，储存总额182亿元，人均储存仅2 022元。根据图5-4中的调研数据，仅14.21%的调查对象满额或接近满额缴费，小额缴费人群占比较高。另有调研数据显示[①]，在个人养老金制度推出一年后，受访者对该制度的了解度已达80%，但实际购买率仅为8%。其中，从了解到开户的转化率为45%，而从开户到最终购买的转化率仅为23%。

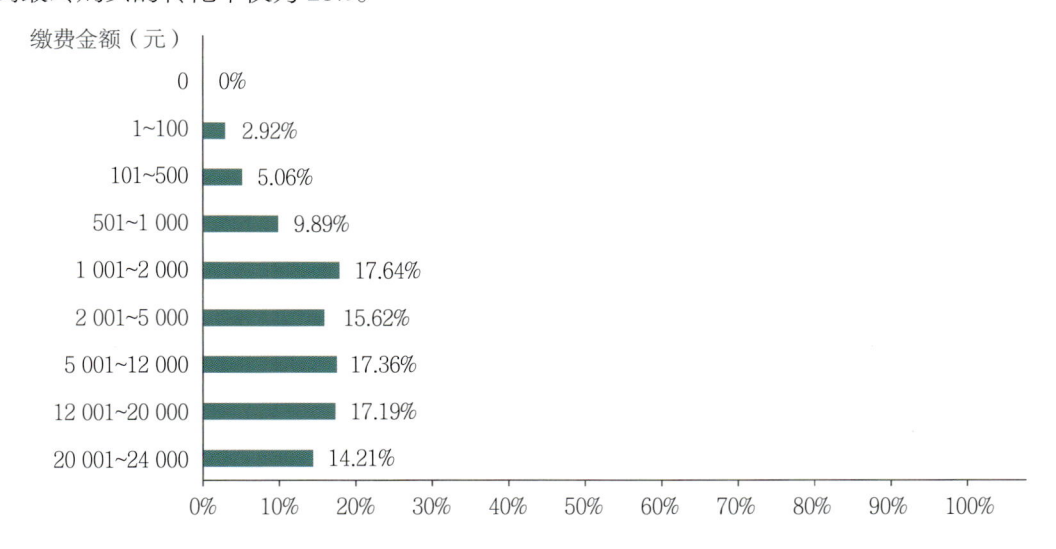

缴费金额（元）	占比
0	0%
1~100	2.92%
101~500	5.06%
501~1 000	9.89%
1 001~2 000	17.64%
2 001~5 000	15.62%
5 001~12 000	17.36%
12 001~20 000	17.19%
20 001~24 000	14.21%

注：缴费金额为两年累计，个人养老金账户缴费的两年最高限额为24 000元。缴费情况为按两年累计计算结果。
资料来源：养老金融50人论坛，《中国养老金融报告2023》。

图5-4 个人养老金账户缴费情况

第三支柱参与度不足也从侧面揭示出目前我国养老金融产品和服务的可及性有待提升。一种误区认为养老金融是"富人"的事情，一般老百姓就只要靠社会保障就可以了。但实际上，没有一个国家

---

① 麦肯锡分析，《麦肯锡中国退休养老调研2023》。

完全依靠政府社会保障体系就能满足绝大多数国民的养老需求。中低收入者既是许多养老风险主要威胁的人群，也是养老金融的需求者。优质可靠的养老金融服务应当惠及更多的群体，一个具有高度包容性、针对性和灵活性的养老金融服务体系可以针对不同收入层次、不同风险承受能力和不同养老目标的个体提供定制的养老金融产品与服务。例如，通过提供低风险、低门槛的养老储蓄产品和养老保险，为中低收入群体提供基本的资金安全保障；同时，通过养老目标基金和定制化的理财规划服务，为有一定投资能力的人群提供收益相对更高的选择。

（四）养老金融增值服务种类日益丰富

中国养老金融发展不仅提供养老所需资金的规划，也承载了金融教育、理财规划、服务整合、资源对接等功能。如图 5-5 所示，中国各类金融机构普遍提供了许多医疗健康服务（如在线问诊、就医绿色通道、体检服务等）、养老居住服务（如养老社区、医养综合体、家庭适老化改造等）、养老护理服务（如长期照护、专业康养等）以及社会参与支持（如学习活动、旅游服务、文娱活动）等。这些服务超出了传统养老金融的范围，但很好地体现了金融以人民为中心的价值取向，弥补了现有家庭养老和政府社会养老服务体系的不足。金融机构参与养老增值服务不仅有利于商业发展，更是积极履行社会责任的体现，为养老金融领域的可持续发展提供了重要支持。

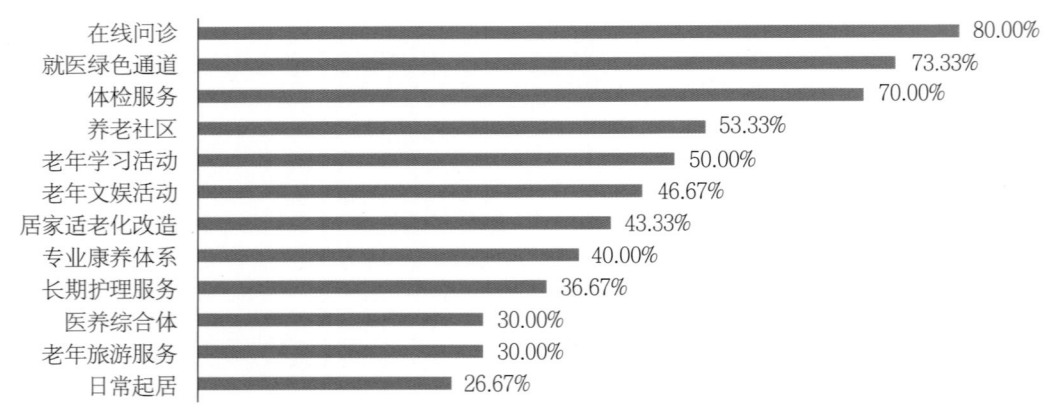

服务项目	比例
在线问诊	80.00%
就医绿色通道	73.33%
体检服务	70.00%
养老社区	53.33%
老年学习活动	50.00%
老年文娱活动	46.67%
居家适老化改造	43.33%
专业康养体系	40.00%
长期护理服务	36.67%
医养综合体	30.00%
老年旅游服务	30.00%
日常起居	26.67%

注：图中比例数据代表"给每一项投票的人数占总投票人数的比例"。

资料来源：中信改革发展研究基金会、上海财经大学公共经济与管理学院等联合发布的《2023 养老金融指数报告》。

图 5-5　金融机构提供的细分养老增值服务

将金融产品与其他养老服务相结合具有独特的优势：一是使得抽象的金融产品有了具象化的载体，相对于金融产品合约，各种养老服务和机构更加可见，有助于带动产品销售；二是满足了人们对于一揽子养老解决方案的需求，突破了单一金融产品的局限性，利于为客户提供一站式、定制化的养老规划服务；三是不少养老服务项目投入资金巨大、投资期限长，而养老金融独特的期限结构特征特别适合于这些项目的投资。

更重要的是，由于法律体系、历史原因以及公众对大型金融机构的高度信任，我国的金融机构被赋予了在欧美国家通常由第三方理财机构承担的资源整合和规划服务的责任。这种模式要求我国金融机构不仅能提供金融产品，还需要整合且利用更广泛的养老服务资源，确保服务的合规性和高质量。这对金融机构的职业道德、内控体系以及金融监管部门的能力体系都提出了更高的要求。从这个角度来看，我国养老金融的发展不仅是金融产品创新的过程，也是金融机构功能扩展、服务模式创新的过程，正朝着更加综合性、多元化和人性化的方向前行，充分体现了我国养老金融的人民性。

三、养老金融发展面临的问题和挑战

（一）金融市场的风险分散功能未得到充分重视

金融市场具有强大的资源配置和风险分散功能，可以通过跨期和跨状态资源转移功能，实现终生资源的优化配置，以及解决同代可分散的养老风险。而目前金融支持养老保障体系仅仅体现在两个方面：其一，推动第二、三支柱发展，发挥对基本养老保险的补充作用；其二，基本养老保险基金分散化投资，实现保值增值。

事实上，金融市场的功能远不止于产生更高的增值收益，能在更大层面上分散和对冲风险。养老保险体系的风险与金融市场风险不完全相关。养老保险体系回报率取决于全体劳动者收入增长，而金融市场收益来源更为丰富。更进一步，对于一个国家来说，养老金体系面临的老龄化和经济增速减缓风险都是系统性风险，只有借助国际金融市场方能更好地分散。"彼之敝草，吾之珍宝"，在更大范围内互通有无，更有助于风险分散和对冲。

例如，在考察全球范围内养老基金的投资策略时，我们可以发现国际上存在着明显的趋势，如图5-6所示，根据经合组织全球养老金统计，在过去的二十年里，世界各地的养老金资产海外投资比例显著增加。这一数据说明各国养老基金正通过国际化的资金运作来分散投资风险，并反映出通过跨国投资能够更好地利用全球市场的不同增长动态和收益潜力。目前，我国的养老金投资除全国社会保障基金可配置海外市场外，企业年金基金与FOF基金均仅限于境内投资和香港市场投资。而国际市场提供的多样化和复杂性正是国内市场所缺乏的，能够减少单一市场或区域发生经济波动时对养老基金的负面影响。若充分利用我国庞大的经济体量和金融市场潜力，有效发挥金融市场的风险分散功能，则有望在更广的范围内消解和对冲养老保险体系的运营风险。

资料来源：OECD，*Pensions at a Glance 2023*。

图 5-6　海外投资的养老金计划资产份额

（二）企业年金发展的内生动力机制亟需健全

企业年金作为人力资源管理工具尚未得到中国企业充分重视和运用。企业年金通过提供有竞争力的退休福利，不仅可以作为吸引优秀人才的重要因素，还能作为一种长期激励机制，提高员工的工作积极性和留任率。国际经验表明，将企业年金作为标准的人力资源管理策略，能显著提升企业的人才吸引力和员工满意度，促进企业整体绩效提升。

中小企业建立企业年金的意愿不高。一方面，长期缴费负担较重，出于降低人工成本的考虑，中小企业往往不会积极主动建立企业年金。另一方面，现行制度规定企业建立的企业年金应覆盖全体职工，然而随着就业形态的变化，企业内部人员构成变得复杂，员工流动性增大，这种不确定性和流动性使企业难以为所有员工提供一套适用的企业年金计划。这些问题使得企业年金覆盖面还远远不足。

（三）税收优惠等传统激励措施的效果有限

预计单纯通过税收优惠很难真正推动养老金融的发展。根据《个人养老金实施办法》，缴费者可享受每年 12 000 元的税前扣除优惠，但对于大多数中低收入者来说，其边际税率本身并不高，税前扣除的吸引力有限；而对于高收入群体，虽然税收减免效果较好，但 12 000 元的年度缴费上限过低，实际减税额度并不高。中小企业雇员（含自雇人）参与城镇职工养老保险的比例低、未来劳动收入下降风险大，比较适合参与第三支柱养老保险。但是，这部分人大多为新业态劳动者，也存在流动性强、工作和收入不稳定、对个人养老金缺乏了解等障碍，从实际运行来看，参与程度并不高。当前个人养老金试点城市经济发展水平和居民收入较高，若日后推向全国，预计这些问题会更加突出。而且如图 5-7 所示，目前我国尚未建立针对中小企业和自我经营者的特殊税收优惠政策安排。但国际上针对中小企业和自我经营者通常免税缴费限额更高，税收优惠力度更大。例如，美国规定 50 岁及以下居民缴费限额为 6 000 美元，但针对中小企业和自雇人的政策（SEP IRA 和 SIMPLE IRA）规定缴费限额是一般居民的 11 倍，达到 66 000 美元。

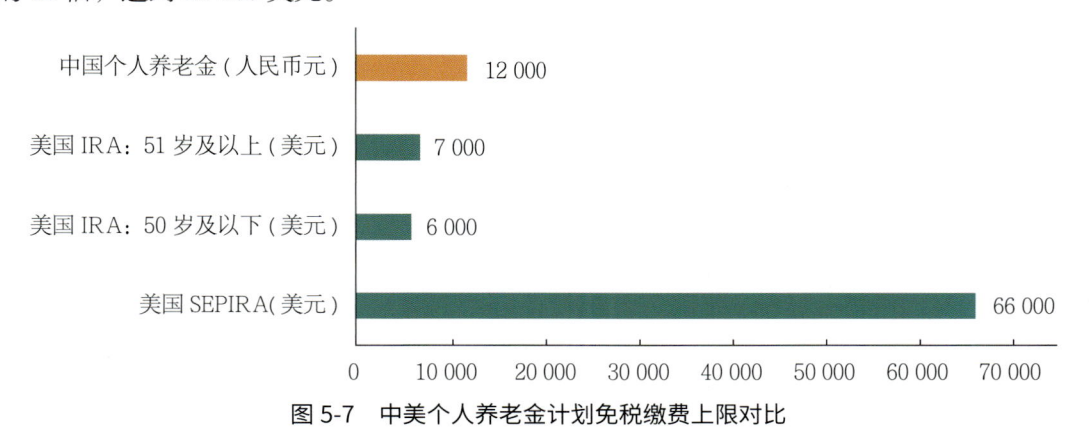

类别	金额
中国个人养老金（人民币元）	12 000
美国 IRA：51 岁及以上（美元）	7 000
美国 IRA：50 岁及以下（美元）	6 000
美国 SEPIRA（美元）	66 000

图 5-7　中美个人养老金计划免税缴费上限对比

此外，税收激励主要通过所得税和资本利得税的递延减免实现。中国没有资本利得税，以增值税等间接税为主，所得税比重较低。如图 5-8 所示，美国所得税占税收收入的比重为 53.1%，而中国只有 35.2%；特别是个人所得税占比，美国是中国的 4.83 倍。因此，中国难以通过所得税减免激励第二、三支柱发展。

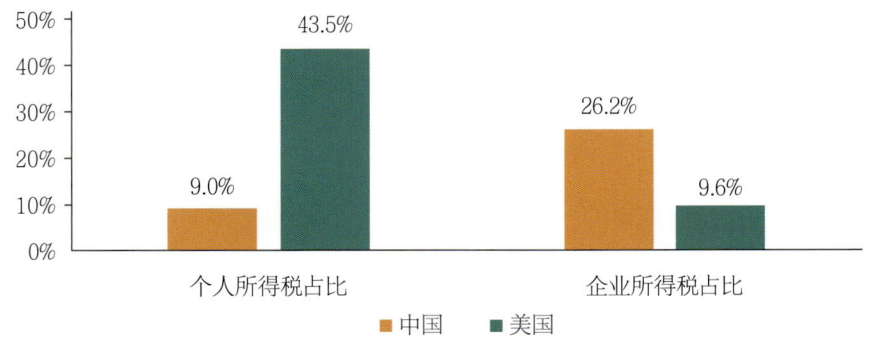

	中国	美国
个人所得税占比	9.0%	43.5%
企业所得税占比	26.2%	9.6%

资料来源：粤开证券研究院，《中美税制及税负比较（2023）》。

图 5-8　中美个人所得税与企业所得税占税收收入比重对比

从全球来看，税收激励效果有限以及第二、三支柱参与率低也是困扰养老金融发展普遍的问题。例如，美国政府每年在401（K）和IRA等储蓄计划上花费的资金超过1 000亿美元，并且鼓励企业通过配款的方式带动员工参与养老储蓄计划，但效果十分有限（Engelhardt & Kumar，2007）。研究表明，丹麦政府在养老储蓄方面每支出100克朗的税收补贴，全部退休储蓄仅增加1克朗。综合发达国家的经验，即便实施了大幅度的税收减免，公众对此类养老金融产品的反应也并不一定强烈，这表明仅依赖税收优惠等传统激励措施可能不足以刺激广泛的市场参与。鉴于此，需要探索更有效的干预手段，例如引入更多的"助推"行为干预手段。

（四）养老金融产品丰富度和收益性有待提高

目前市场上的个人养老金产品存在品种单一、同质性严重、缺乏创新性与针对性等方面的问题。如图5-9所示，截至2023年5月，无论是国有大型商业银行、股份制商业银行还是地方性商业银行，其代销个人养老金产品的平均种类都相对有限，尤其是养老理财产品。这反映出整个市场在个人养老金产品的多样性上存在不足，在满足不同人群个性化需求、风险偏好及长期财务规划方面存在局限。更为重要的是，近期资本市场的波动较大，基金理财产品的收益表现不佳，投资者风险规避意识较强，在决策时就偏向更稳健保守的资产，进一步导致养老金融产品的活跃度和参与度不足。

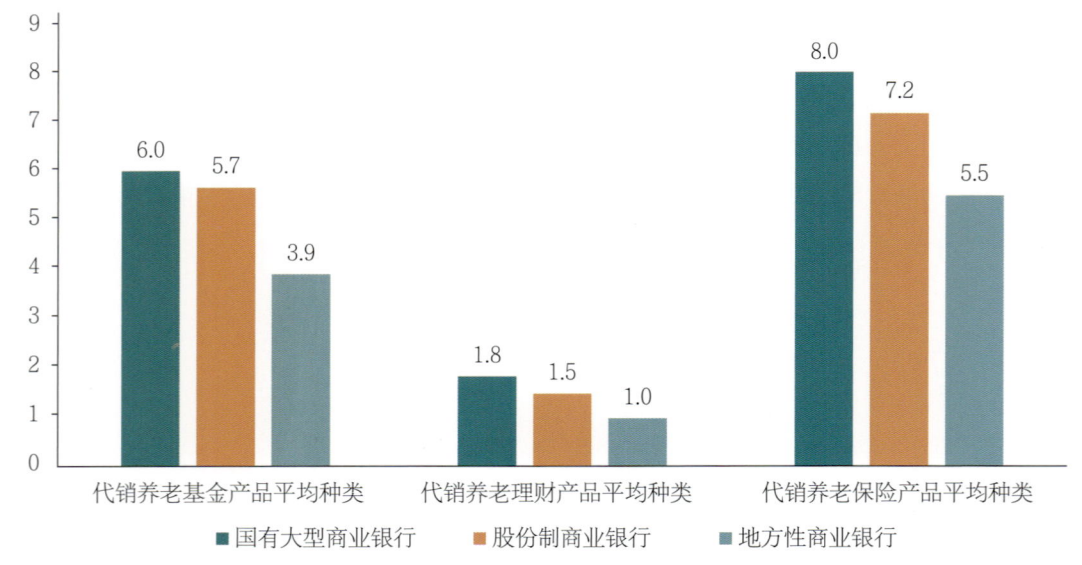

产品种类	国有大型商业银行	股份制商业银行	地方性商业银行
代销养老基金产品平均种类	6.0	5.7	3.9
代销养老理财产品平均种类	1.8	1.5	1.0
代销养老保险产品平均种类	8.0	7.2	5.5

资料来源：中信改革发展研究基金会、上海财经大学公共经济与管理学院等联合发布的《2023养老金融指数报告》。

图5-9 银行代销个人养老金产品平均种类

养老金融产品存在的相关问题在各个阶段均阻碍着投资者深入参与养老金投资。图5-10的调查数据显示，开户阶段投资者面临的主要问题为产品收益不及预期和产品数量有限，这些因素直接影响了投资者的参与热情和决策。而在实际购买阶段,产品种类少、介绍不清晰和吸引力不足等因素进一步阻碍了投资者的深入参与。产品种类的限制减少了投资者根据自己的风险偏好和财务目标进行选择的可能性,而产品介绍不清晰和吸引力不够则增加了投资决策的不确定性。以上问题反映出当前投资者对产品的收益稳定性和风险控制有更高的期待,而市场上现有的养老金融产品在满足这些需求方面尚有欠缺,在产品创新、风险管理以及市场教育方面仍有较大的提升空间。

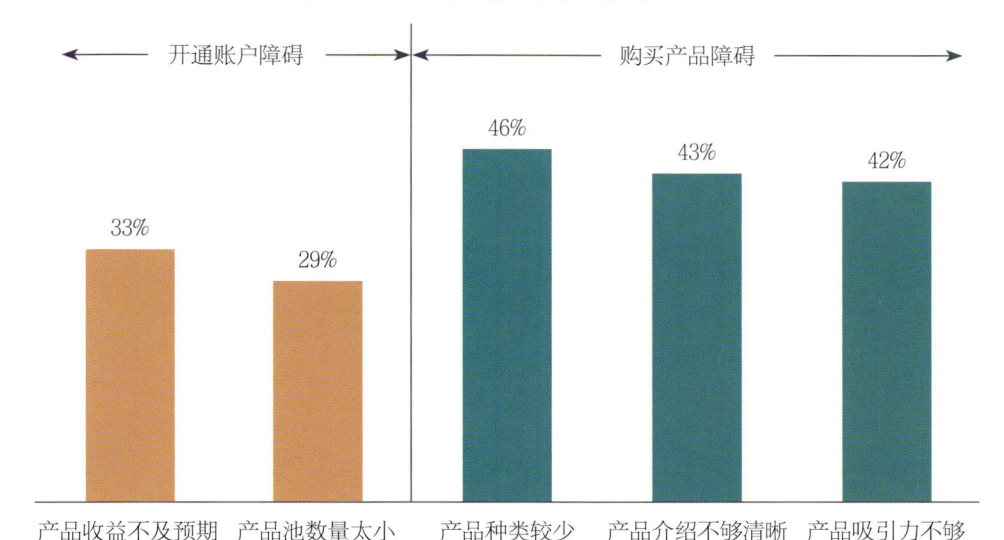

开通账户障碍 | 购买产品障碍
- 产品收益不及预期 33%
- 产品池数量太小 29%
- 产品种类较少 46%
- 产品介绍不够清晰 43%
- 产品吸引力不够 42%

资料来源:华夏基金,《个人养老金一周年洞察报告》。

图 5-10 在不同阶段阻碍投资者深入参与养老金投资的相关产品问题

国际理财业的发展经验表明,养老金融的兴起极大地改变了现代理财业的面貌。例如,家庭理财规划核心业务从以投资规划为主线,转向以退休规划为主线,涵括投资、不动产、保险、信托、养老金等在内的一揽子规划;理财关系从"销售型理财"转向规避利益冲突的"第三方理财"。此外,养老金融也促进了大量金融创新,如长期护理保险这样的新型产品应运而生,专门为老年人潜在的长期照护需求提供保障。然而,目前我国的养老金融服务在产品和服务创新方面仍显不足,远未达到覆盖养老过程中各种风险的水平,养老金融推动现代金融创新的动力也尚未显现。

(五)社会整体养老金融意识亟待提高

我国是世界上人力资本进步或者说人口质量提升速度相当快的国家,根据国际经验,多数国家收入最高的年龄段出现在 45~50 岁,而如图 5-11 所示,我国的这一高峰期出现得更早,基本在 30~35 岁,比其他国家早了 15 年。这一特殊的收入分布现象意味着我国的年轻劳动力将比其他国家的同龄人更早地达到收入高峰,也更早进入收入增长放缓甚至下降的阶段。在人力资本更新换代迅速、职业生涯高峰期提前的背景下，35~50岁的年轻群体未来面临的长寿风险和退休前后收入下降的风险显著增加，远远超过历史上的其他任何时期。然而，当前社会对于这种新兴风险的认识尚处于初级阶段，特别是在年轻群体中，对于长期财务规划和养老准备的认知明显不足。

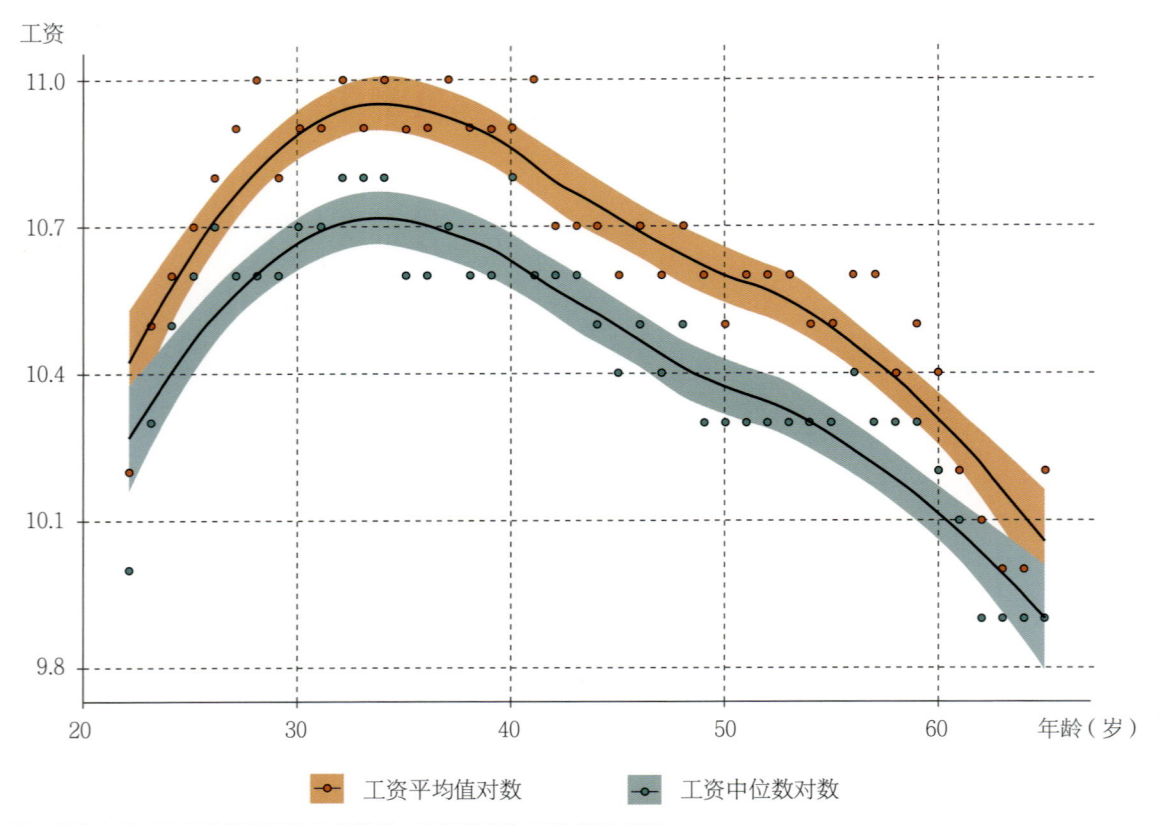

注：其他年份以及其他数据库的结果类似。阴影部分为95%置信区间。

资料来源：中国家庭追踪调查（CFPS）2020年数据。

图 5-11　中国截面年龄工资曲线

短期主义思维以及就业不确定性也在一定程度上削弱了年轻人对于长远养老规划的意识。图 5-12 中的调研数据显示，总体上居民的养老储备远不及预期，约七成（71.63%）调查对象的储备金额不足 50 万元，超八成（80.61%）调查对象尚未达到预期的养老资金储备需求。同时，居民缺乏对未来养老生活的具体规划和准备，《麦肯锡中国养老金调研报告》显示约 80% 受访者无明确养老退休规划。

中老年群体对养老金融的了解认知亟待改善。据《中国养老金融调查报告（2023）》显示，随着年龄增加，调查对象的基础金融知识回答正确率呈现下降趋势，60 岁及以上群体的正确率最低，仅为 54.28%。尽管伴随年龄的增长，人们应当倾向于更为低风险的投资，但大部分调查对象相对于风险承受能力来说，低风险投资比例仍然过高，如银行存款（72.20%），其次是商业养老保险（32.65%）和银行理财（25.23%）。

储备金额（元）

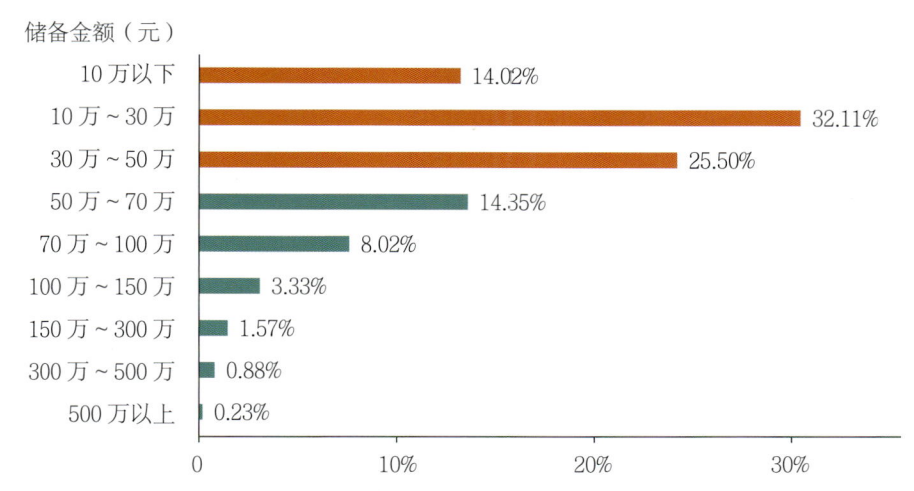

区间	百分比
10 万以下	14.02%
10 万~30 万	32.11%
30 万~50 万	25.50%
50 万~70 万	14.35%
70 万~100 万	8.02%
100 万~150 万	3.33%
150 万~300 万	1.57%
300 万~500 万	0.88%
500 万以上	0.23%

资料来源：中国养老金融 50 人论坛，《中国养老金融调查报告（2023）》。

图 5-12　调查对象目前养老储备情况

（六）养老金融需要融入全生命周期金融服务体系

养老金融与其他民生金融领域如创业就业信贷、住房金融、教育金融、健康金融等都有着密切的联系。养老金融服务应当更好地融入全生命周期一揽子金融服务体系，为国民提供各类民生问题的金融解决方案（见图 5-13）。

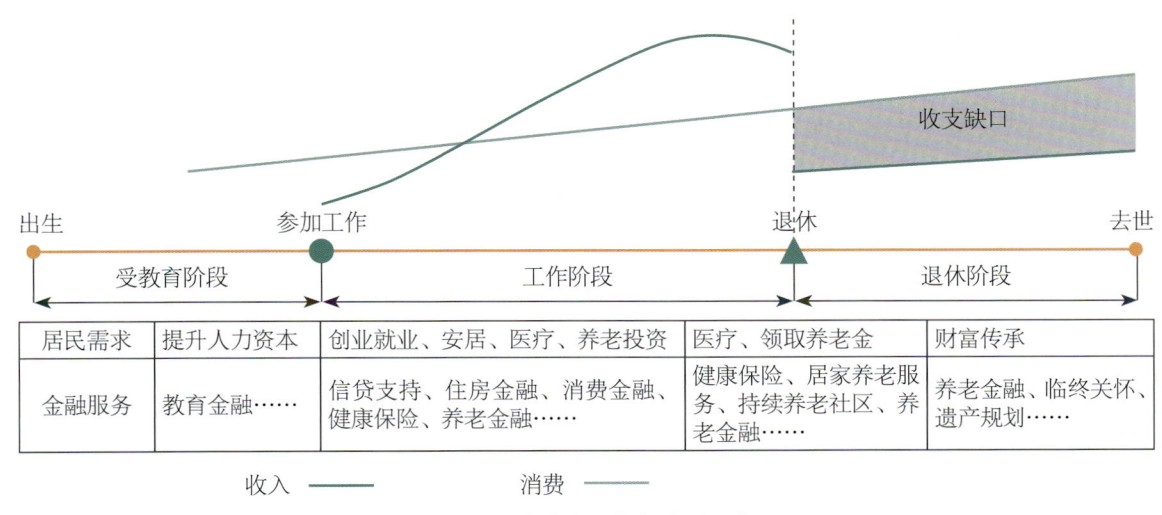

居民需求	提升人力资本	创业就业、安居、医疗、养老投资	医疗、领取养老金	财富传承
金融服务	教育金融……	信贷支持、住房金融、消费金融、健康保险、养老金融……	健康保险、居家养老服务、持续养老社区、养老金融……	养老金融、临终关怀、遗产规划……

阶段：出生 — 受教育阶段 — 参加工作 — 工作阶段 — 退休 — 退休阶段 — 去世

收入　　消费　　收支缺口

图 5-13　全生命周期新金融服务

如图 5-13 所示，参加工作和退休两个时间段将人的一生分为三个时期：第一段为受教育阶段，在此阶段金融体系应当助力人力资本提升，通过教育金融持续支持个人求学深造和接受培训，为进入职场做好准备；第二段为工作阶段，在此阶段金融体系应当为安居立业需求提供融资服务，为积累的养老健康储备提供良好的投资服务；第三段为退休阶段，在此阶段金融体系应当为满足健康管理、领取阶段的持续养老金管理、长期照护、临终关怀、财富传承方面的需求提供金融解决方案。也正是这种全生命周期的特点，使得退休规划和养老金融成为现代个人金融业的发展主线，也成为融通养老事业和养老产业的关键性节点和抓手。

四、未来展望与发展建议

（一）建立贯通三支柱的家庭养老金融资产组合

目前养老金三支柱仍是三个孤立的制度，应当从构建家庭养老金融资产组合的角度进行统一的设计和管理。可以分四步建立三支柱贯通机制：第一步，打通个人养老储蓄与个人养老金账户，允许个人在国家缴费限额之上继续缴费，但不享有同等的税收优惠待遇；第二步，打通企业年金、职业年金和个人养老金账户，实现二、三支柱的贯通；第三步，不改变基本养老保险个人账户现收现付属性，但将个人账户名义记账金额转记为投资于特定期限的国债；第四步，将基本养老保险个人账户、企业年金和职业年金账户、个人养老金账户信息进行整合，定期提供资产组合报告给参保人或家庭。此外，可进一步打通不同家庭成员之间的账户，允许向亲人持有的账户缴费，并享有一定的税收优惠。例如，新加坡在公积金管理中规定，自己进行公积金账户的缴费，可享有 8 000 新加坡元的税收减免，为亲人（包括父母、岳父母、配偶等）缴费，则可享受额外的 8 000 新加坡元的税收减免。①

考虑如下示例，某参保人同时拥有三个支柱的账户，对应账户、投资资产类型和投资额分别如表 5-1 所示。

表 5-1　　贯通三支柱的家庭养老金融资产组合（示例）

资金来源	投资资产类型	投资额（元）
基本养老保险个人账户	国债	100 000
企业年金或职业年金账户	国债	50 000
	银行存款	30 000
	股票	120 000
	企业债券	150 000

---

① 详情见 https://www.cpf.gov.sg/member/faq/growing-your-savings/retirement-sum-topping-up-scheme/what-are-the-conditions-for-me-to-enjoy-tax-relief-/。

(续表)

资金来源	投资资产类型	投资额（元）
个人养老金和个人养老储蓄账户	保险	50 000
	银行理财	20 000
	养老目标基金	80 000

那么，参保人和家庭将收到如下资产组合报告（见图5-14）：

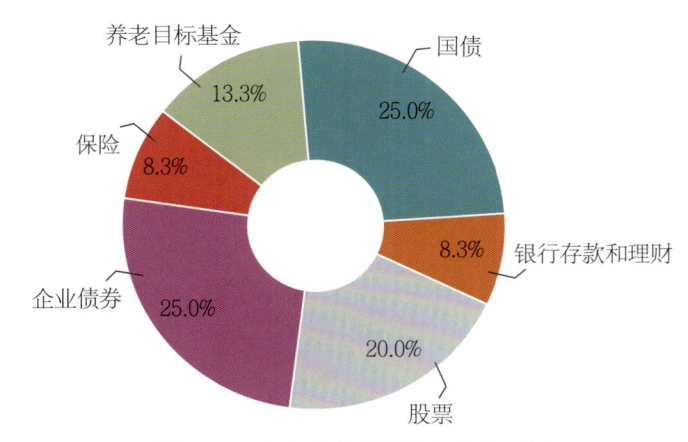

图5-14　家庭养老金融资产组合示例

- 养老目标基金 13.3%
- 国债 25.0%
- 保险 8.3%
- 银行存款和理财 8.3%
- 股票 20.0%
- 企业债券 25.0%

这种贯通三支柱的设计有如下优势：

从家庭角度来看，三个支柱形成了完整统一的养老资产组合，能够有效发挥三支柱的系统集成效应。其中社会养老保险个人账户像一个预先植入的"珍珠核"，可以发挥金融教育等行为干预功能，帮助家庭实现养老金融资产组合从"0"到"1"的跨越，并围绕这一"内核"不断"生长"，即带动二、三支柱的发展。并且家庭拥有一个可查询的养老金融账户，可以清晰了解其养老方面的资产准备状况，及时掌握账户和资产变动信息，提升国民对养老金体系的信心。

从宏观角度来看，各个支柱可以相互融通，灵活变化，为应对老龄化带来巨大的转圜空间。例如，个人第二、三支柱的缴费也很可能有一部分会投资于国债，因此，第二、三支柱的发展反而可能增加政府现金流，减轻第一支柱政府支出责任。

（二）建立企业年金"税优＋助推"支持体系

一是降低并放宽对中小企业建立企业年金和个人养老金制度约束条件，如允许企业为部分群体先行建立企业年金，建立中国版的"SEP IRA"制度；或考虑为中小企业和雇员设计单独的制度，借鉴国际经验，对中小企业和自由职业者提高免税限额，例如提高到5倍即6万元；进一步鼓励这些企业和个人缴纳基本养老保险，例如如果足额缴纳基本养老保险，免税限额可以提高到10倍左右，即1年12

万元。二是加大建立企业年金的税收优惠力度。与多数发达国家相比，中国税收优惠比率偏低，政府作为企业年金制度建设的主导者，应积极制定相应的税收优惠政策，确保对企业年金制度发展实行政策福利。三是大力发展企业年金集合计划，并促进企业年金与职业年金的制度整合与统一。四是通过政策创新优势，引入"助推"行为干预手段，包括：进一步简化开户、缴费和投资手续；打通税务和个人养老金平台，引入人工智能等科技手段，在综合报税时，征得对象同意后自动设置默认缴费、投资推荐等选项；与报税系统加强联动，精准地进行信息推送，在个人收入提高时自动提醒追加缴费等。

（三）优化个人养老金制度的顶层设计

目前，中国还处于个人养老金制度建设初期，可从以下方面进行优化：一是完善缴费激励机制，探索税后积累（TEE）模式作为第三支柱个人养老金税收政策的补充选项，未来动态提高年度缴存上限，增强高收入群体的缴费积极性；二是拓宽制度覆盖面，考虑允许退休人群、未参保基本养老保险的人员建立个人养老金账户；三是充分考虑养老产品的适老化，从制度设计层面充分考虑老年群体的养老金融资产配置需求，同时对复杂的金融产品进行严格监管，完善金融产品审批流程，从而提高养老产品的普适性及保值增值能力；四是考虑个人养老金制度与我国传统家庭养老文化的结合，允许子女在一定限额下为父母个人养老金账户缴费，并免除个人所得税。

（四）建立中国式的养老金融咨询服务体系

应当加强养老产品和服务的透明度、可比性，提高公众的决策效率。养老金融产品和服务选择是一个较为专业和复杂的过程，已有证据表明金融决策的复杂性和决策者经验的匮乏会增加选择失败的几率（Thaler 和 Sunstein，2009），导致人们倾向于不作出投资决策，即引发所谓的"布里丹毛驴"问题。因此，在西方国家，这一工作主要由第三方理财机构通过独立的养老规划完成，并在法律上高度强调理财信托责任。截至 2022 年 12 月，美国在证券交易委员会注册的独立投资顾问数量已达到 1.51 万人，以养老金规划、不动产规划、保险规划、信托规划和投资规划为主营业务。然而在我国，第三方理财尚不发达，未来短期内也难以承载主要的养老金融咨询服务责任，我国需要选择适合国情的养老金融服务利益冲突解决方式。

我国需要在售方理财的格局下履行养老金融教育和咨询服务，这对管理部门监管能力、金融部门自身内控体系、养老金融从业人员职业操守都提出了更高的要求。因此，有必要考虑：一是建立一个覆盖机构和从业人员的规制体系，加快专业监管队伍建设，逐步转向审慎监管模式。传统上我国金融监管"重机构、重产品、重准入"，然而养老金融特别需要针对从业人员、衍生服务、咨询推介行为进行强有力的监管。二是设置专业的养老理财证书培训体系，在培训中加大职业道德素养要求，对养老理财投资顾问建立职业诚信档案。同时，培育独立的第三方理财机构，发展专业的养老理财事务所。三是应当对老年群体加强关于金融欺诈知识的教育，提高其对金融欺诈的敏感性和识别能力。建立一体化平台，以便居民能够全面了解与养老金融相关的各种信息，覆盖金融养老的重要性、养老金政策、缴费标准、操作流程及相关金融知识等，广泛传播正确的养老投资理念。四是加大信息和产品的透明度。通过提高市场服务和产品的可比性，帮助老年人及其家庭作出更高质量的选择，也反过来督促产品和服务提供者不断提升"性价比"。

（五）打造养老产业和养老事业协同发展示范区

老龄化在给社会经济发展带来挑战的同时，也带来许多新的经济增长点、金融发展契机。人口老龄化是我国在当前这个充满不确定性的环境中极具确定性的事件之一，应当在一些条件基础比较好的区域大力发展养老金融。例如，上海临港作为自贸区，具备先行先试的条件，应当考虑在新兴金融推动养老产业和养老事业协同发展、建立全球风险管理中心以及"金融+养老"融合等方面进行先行探索。为此建议：

一是做好金融推动养老产业和养老事业协同发展的大文章。例如，浦东新区已经拥有全上海近1/3的高端社区，应当继续利用浦东新区广阔的腹地优势、大量未开发土地资源和已经建立的各类医养融合产业基础，对养老产业事业发展在政策性贷款、土地出让等方面提供优惠性政策，为养老科技研发、医养康养联合体建设、高端养老社区、居家适老化改造等项目提供资金支持和激励，同时引导社会资本参与，共同探索养老金融发展特色示范区。

二是以养老金融为核心打造全生命周期金融解决方案。养老金融应与其他民生金融如教育金融、住房金融、医疗金融等结合起来，坚持新时代养老金融以人民为中心的价值取向，从打造全生命周期金融解决方案角度鼓励养老金融产品创新，通过吸引相关人才和产业集聚，推动养老金融这一朝阳产业生根发芽。

三是抓住全球养老风险分散需求带来的长期历史机遇。养老保障体系的可持续发展是全球众多国家面临的共同问题。最大的风险来自人口老龄化和经济减速风险。这属于一个国家的系统性风险，必须通过全球组合投资实现风险分散。养老金融与跨境金融结合是大势所趋，可以提升养老基金收益率，化解人口老龄化和经济减速风险。此外，国际养老金融机构也有进入中国从而分享中国经济增长红利的意愿。近年来，全球主权养老基金规模不断增长，已经成为金融市场不可忽视的力量。截至2023年12月，全世界第一大主权财富基金——挪威政府养老基金市值已经达到10.7万亿元人民币，在70多个国家进行全球组合投资，持有全球上市公司1.5%的股份。[①] 因此，应当利用临港离岸金融政策优势，通过设立外币账户等金融创新措施，为大型养老基金跨境投资提供优质金融服务，建设全球养老风险管理中心，帮助中国养老基金走出去，全球养老基金走进来。

---

① 数据来自挪威政府养老基金官网 https://www.nbim.no/，并根据12月13日汇率换算得到。

第六章

跨境金融

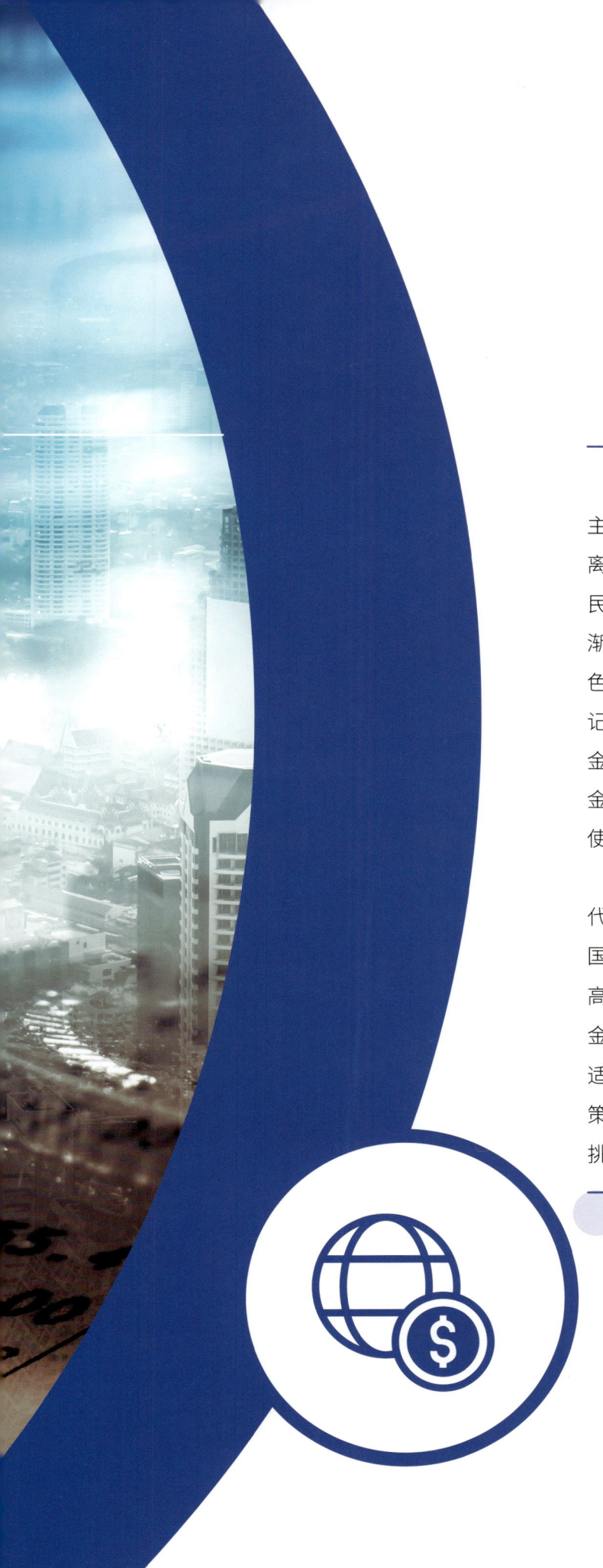

随着全球化和国际金融市场的扩张，与主要服务于非居民、集中于传统银行业务的离岸金融不同，同时服务于非居民与部分居民、包括更广泛金融服务的跨境金融概念逐渐兴起。从国家层面来讲，构建具有中国特色的跨境金融体系，是深化落实习近平总书记在党的二十大报告中提出的关于维护国家金融安全新的实践要求，同时也是推进我国金融治理体系和治理能力现代化水平的历史使命和责任。

目前美联储加息导致全球进入高利率时代，跨境金融业务面临新的机遇和挑战，中国企业在跨境融资、跨境担保等方面面临更高的成本与风险。在此背景下，我国在跨境金融业务的实施过程中需要审慎调整政策以适应发展需要，如在跨境监管上的灵活政策，以及时应对跨境金融领域可能出现的新挑战。

一、跨境金融的概念以及相关政策

（一）概念与内涵

近几十年间，跨境金融的概念随着全球化和国际金融市场的扩张而兴起。在20世纪70年代，随着国际资本市场的扩大和货币兑换的自由化，跨境金融开始快速发展。这一时期，银行和其他金融机构开始通过跨国提供贷款、投资和其他金融服务，满足跨国企业和个人的金融需求。《全面与进步跨太平洋伙伴关系协定》（Comprehensive and Progressive Agreement for Trans-Pacific Partnership，CPTPP）第11章"金融服务"内容中关于"跨境金融服务贸易或跨境提供金融服务"的定义是指以下三种形式：第一，自一缔约方领土向另一缔约方领土提供服务（跨境交付模式）。第二，在一缔约方领土内向另一缔约方的人提供服务（境外消费模式）。第三，一缔约方的国民在另一缔约方领土内提供服务（自然人流动模式）。随着跨境金融成为全球金融体系的一个重要组成部分，根据《服务贸易总协定》（General Agreement on Trade in Services，GATS），广义的跨境金融还包括"商业存在"模式（Commercial Presence）。即一成员服务提供者通过在其他成员境内设立商业实体的方式为所在国和其他成员的服务消费者提供跨境项目融资、跨境贸易融资、跨境担保、外币存款结算、代客衍生品交易等金融服务，助力客户完成跨境并购、境外发债等项目，满足客户进出口贸易融资、汇率避险等需求。

（二）跨境金融各个层面的创新与发展

1.跨境商业银行业务的创新与发展

目前国内银行为非居民提供的金融服务，多是基于三类非居民账户：境外机构境内账户（Non-Resident Account，NRA账户）、境外机构自由贸易账户（Free Trade Non-resident，FTN账户）和离岸银行账户（Offshore Account，OSA账户）。

（1）非居民账户（NRA）

NRA账户，全称为Non-Resident Account，字面翻译理解为非居民账户，官方称为境外机构境内账户。它是国内银行可以为境外企业开立的账户，并通过NRA账户为其提供结算、存款、融资等一系列服务。

过去很长一段时间内，因为离岸银行牌照不再颁发，中资银行无法为境外企业开户提供服务，而外资银行服务的很多境外企业账户性质不明确。因此,为了促进中外资银行平等竞争,对非居民账户问题予以规范,国家外汇管理局于2009年发布了《关于境外机构境内外汇账户管理有关问题的通知》(汇发〔2009〕29号),自2009年8月1日开始,境内的中资银行和外资银行都可以为境外机构开立外汇账户(外币NRA账户)。

NRA账户属于在岸账户,虽然对银行来说它与境内资金池可以混用,例如NRA存款可用于发放境内贷款。但是,对开立NRA账户的境外主体来讲,账户内资金仍属于境外资金,NRA账户跟境内账户的收支需要跨境交易背景;NRA账户与境外其他账户的划转更多的是凭企业指令即可办理;国际收支申报也无需申报具体内容,因为该交易属于非居民与非居民之间的划款。

(2)自由贸易账户(FT)

2014年5月21日,中国人民银行上海总部印发《上海自贸区分账核算业务实施细则(试行)》和《上海自贸区分账核算业务风险审慎管理细则(试行)》。文件规定,通过人民银行上海总部分账核算单元验收的银行业金融机构,可以为区内主体及境外机构提供自由贸易账户以及相关金融服务,按照"标识分设、分账核算、独立出表、专项报告、自求平衡"的要求开展分账核算业务。目前FT账户体系包括:FTE,区内机构自由贸易账户;FTN,境外机构自由贸易账户;FTU,同业机构自由贸易账户;FTI,区内个人自由贸易账户;FTF,区内境外个人自由贸易账户。上海自贸区内金融机构直接接入分账核算系统,实现银、证、保全覆盖,累计开立超过14万个自由贸易账户,本外币融资总额达2.8万亿元人民币。表6-1中简要总结了自由贸易账户的分类。

表6-1 自由贸易账户的分类

机构自由贸易账户	个人自由贸易账户
名称:区内机构自由贸易账户(FTE)	
适用对象:区内依法成立的企业(包括法人和非法人);境外机构驻区内机构;区内注册的个体工商户	名称:区内个人自由贸易账户(FTI) 适用对象:区内工作,并由其区内工作单位向中国税务机关代扣代缴一年以上所得税的中国公民
名称:境外机构自由贸易账户(FTN) 适用对象:境外机构	名称:区内境外个人自由贸易账户(FTF) 适用对象:持有境外身份证件、在区内工作一年以上、持有中国就业许可证的境外(含港、澳、台地区)自然人
名称:同业机构自由贸易账户(FTU) 适用对象:其他金融机构的试验区分账核算单元和境外金融机构	

FT账户就像桥梁，无论是银行还是企业，通过FT账户都可以比较两个市场的两种资源。一方面，对境内银行来说，可以为境外企业开立FTN账户，为其提供账户、结算、结售汇、融资等各类金融服务。相较于NRA，FT相对更灵活，银行可以做的业务也更多。另一方面，对开立FT账户的企业来说，则可通过FT比较境内与区内两个市场价格，从中选择更优惠的市场办理业务。例如在NRA中的结售汇价格是在岸汇率，而FT中是离岸汇率。

FT账户有以下几点优势。一是利率优势。FT银行可以向总行申请透支额度或者通过同业FTU拆借资金，也可以通过境外银行拆借资金。因此FT的融资或者存款利率报价跟区外存在价差。二是汇率优势。FT账户中办理的结售汇要求银行在区内或境外平盘，因此适用的是离岸汇率（CNH汇率），离岸和在岸汇率往往存在价差，例如在人民币贬值的时候CNH价格往往更高，出口企业在这种情况下可通过FT办理结汇。三是账户优势。FT本身就是本外币合一的多币种账户。而在传统项下，最近才开始试点本外币账户合一，目前仍只能在试点地区的试点银行办理。

（3）离岸账户（OSA）

离岸账户是指在一个国家或地区之外设立的银行账户。这些账户通常由个人或企业用来在国外进行金融交易和资产管理。中资银行开办离岸业务需要取得离岸业务牌照，其法规依据主要是1997年中国人民银行制定的《离岸银行业务管理办法》（以下简称《办法》）和1998年外汇局发布的《离岸银行业务管理办法实施细则》（以下简称《细则》）。《办法》和《细则》明确了离岸银行的申请、离岸银行业务管理等，其最大的特点是外来外用，OSA严格与境内隔离，并且币种方面不包括人民币，OSA可办理非居民的存贷款业务。

目前可以开展离岸银行业务的仅限于招商银行、浦东发展银行、交通银行和平安银行，也就是说，只有在这四家银行的离岸业务部（Offshore Department）可以开立OSA账户，在上海自贸区的建设过程中曾有国有大行提出新申请离岸牌照，包括现有OSA银行也提出过在新片区设立人民币OSA的构想，但均未获批准，因此离岸银行业务的管理实际处于停滞状态。但在业务层面，此前OSA因为时常处于监管盲区，反而给予其更多的灵活性。

（4）三类账户间的区别

三类账户间的对比如表6-2所示。

表 6-2 三类账户间的对比

账户体系	NRA	FT	OSA
监管机构	人民银行、国家外汇管理局	人民银行、自贸区	银保监会
开户银行	境内所有中外资银行	自贸区内具有分账核算系统的中外资银行	限可自由兑换货币；未开放人民币
币种	境内的外币/人民币账户	本外币一体	仅限可自由兑换的货币，未开放人民币
账户收支	外币NRA：与境外账户、境内账户之间的划转不受限制。人民币NRA：与境外账户及其他NRA账户资金进出自由，可以从境外同名账户收款；与境内机构人民币账户划转需审核真实性，不能无因划转	与境外账户、境内区外的NRA账户及FT账户之间的资金划转自由，与境内区外机构账户划转需要审核真实性	与境外账户资金进出自由，与境内账户划转需审核真实性
结售汇	除自贸区账户外不能结汇，自贸区NRA账户结汇后人民币须汇入境内；来源于境内的人民币NRA资金可购汇汇出	本外币合一，账户内资金可自由兑换，但不纳入母行结售汇管理；适用离岸汇率	仅能外汇买卖，不能结售汇

2.跨境资本业务的创新与发展

为进一步适应国际资本市场对我国投资产品需求的增长，推进我国资本账户开放的步伐，近年来我国加快推进跨境资本业务的政策措施。合格境内有限合伙人（Qualified Domestic Limited Partner，QDLP）与合格境外有限合伙人（Qualified Foreign Limited Partner，QFLP）是这些政策措施的代表。

（1）合格境内有限合伙人（QDLP）

QDLP是指中国境内的合格有限合伙人通过参与由获得QDLP资质的境内基金管理企业发起的基金，开展境外投资。QDLP旨在为中国境内的合格投资者提供开展境外投资的途径。2012年上海率先开展合格境内有限合伙人试点。通过QDLP，境内的投资者可以间接参与全球资本市场，同时，QDLP的试点也为境外金融机构进入中国市场开展相关业务提供了渠道。QDLP投资流程如图6-1所示。

图 6-1 QDLP 投资流程

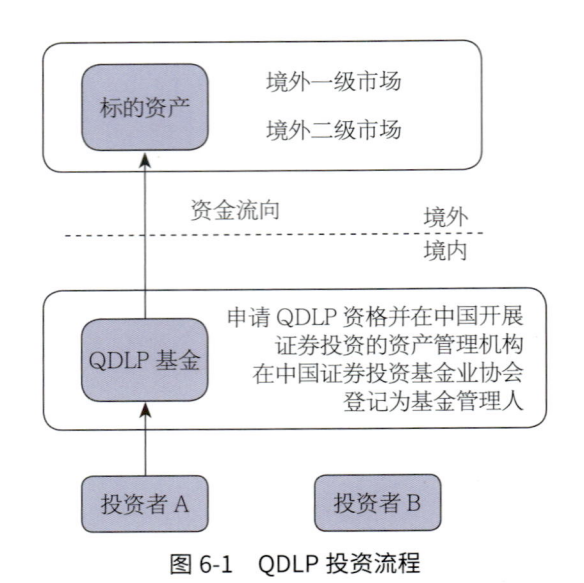

QDLP 申请流程如图 6-2 所示。

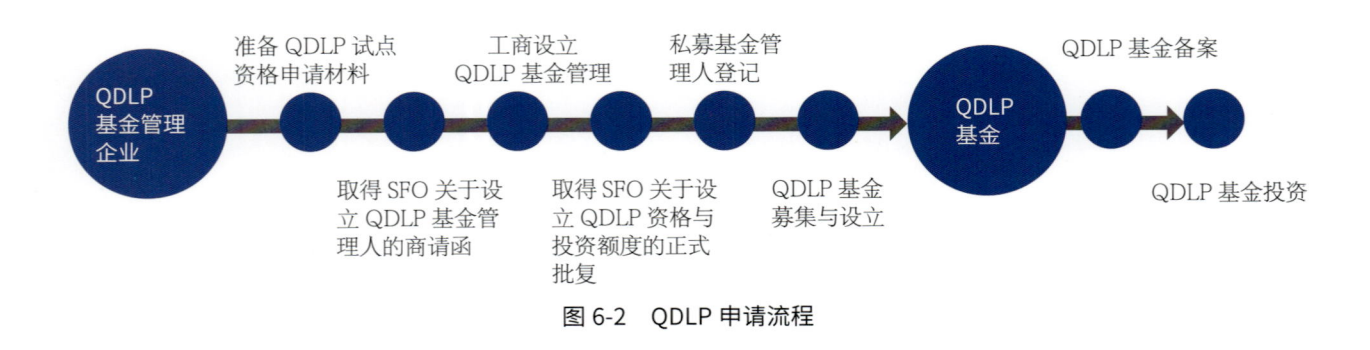

图 6-2 QDLP 申请流程

（2）合格境外有限合伙人（QFLP）

QFLP 是指境外的合格有限合伙人通过境内的私募基金管理人发起设立的平台，投资境内的未上市企业股权。QFLP 于 2011 年在上海试点，旨在为境外投资者提供投资境内未上市企业的途径。与一般的外商直接投资（FDI）相比，通过 QFLP 可以避免被投资企业开立结汇待支付账户，在结汇资金使用方面带来重大的便利。QFLP 投资流程如图 6-3 所示。

```
                    ┌─────────────────────────────────┐
                    │  ┌──────┐                       │
                    │  │标的资产│    境内一级市场         │
                    │  └──────┘                       │
                    └─────▲───────────────────────────┘
                          │ 资金流向
                    ┌─────┼───────────────────────────┐
                    │  ┌──────┐    QFLP 基金管理企业    │
                    │  │QDLP基金│                      │
                    │  └──────┘    申请 QFLP 资格      │
                    └─────▲──────────────▲────────────┘
                          │ 资金流向          境外
                    ─ ─ ─ ┼ ─ ─ ─ ─ ─ ─ ─│─ ─ ─ ─ ─ ─ ─
                          │                           境内
                    ┌──────────┐   ┌──────────┐
                    │境外机构投 │   │境外个人投 │
                    │  资者    │   │  资者    │
                    └──────────┘   └──────────┘
```

图 6-3   QFLP 投资流程

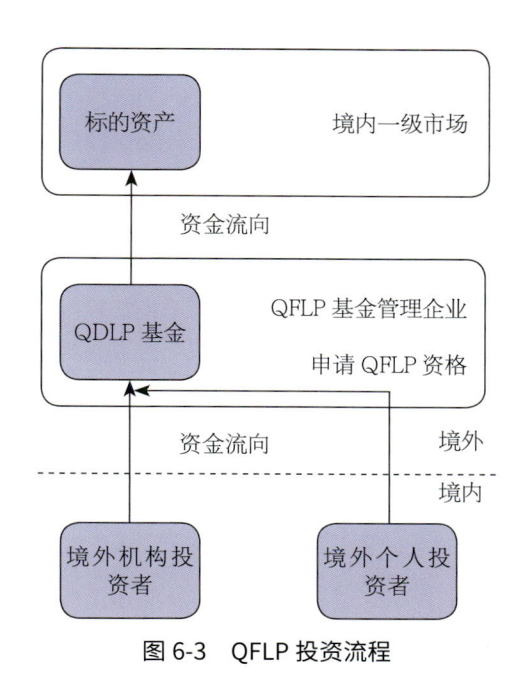

在 QFLP 政策的变更中，各地均积极拓宽 QFLP 基金的投资范围，从最开始的投资于非上市企业的股权逐步扩展到参与定增交易、大宗交易、协议转让交易、可转债及母基金（FOF）投资等以往限制的投资领域，QFLP 基金已基本覆盖人民币私募股权基金所能够参与的交易类型，部分地区还将 QFLP 基金的投资范围拓展至夹层投资、私募债、不良资产等特殊机会投资领域，为 QFLP 基金参与不良资产的投资留下了政策空间。QFLP 基金投资范围的放开对于其参与境内交易的方式提供了更多可能，在一定程度上提高了外资参与境内商业活动的灵活性。

QFLP 能够部分解决资金在境内外流动时涉及的外汇管制相关问题。QFLP 具有三方面优势：一是银行账户开立方面，QFLP 是事先报备一个"项目池"，建立 QFLP 专用账户，用于接收境外投资人的出资，存放意愿结汇后所得的人民币资金；同时可充当托管资金专户，实现"一户两用"，可以 QFLP 专用账户对外支付投资收益及本金。QFLP 试点企业设立获批后，部分地区（如上海临港）允许在无境内募集资金的情况下，仅需开立 QFLP 专用账户即可向被投资企业划款，结汇和划款合二为一。二是区内取消货币出资入账登记。在如实申报资金用途的前提下，试点基金可直接在银行办理外汇资金结汇。三是区内进一步明确以外汇原币支付投资款的情况下，被投企业无需办理再投资登记。QFLP 申请流程（上海）如图 6-4 所示。

获得QFLP基金管理人及基金试点资格 → 完成QFLP基金管理人及基金设立登记程序 → 完成中国证券业协会的QFLP基金管理人登记程序 → 基金备案（在管理人成功登记后6个月内（如需） → 基金运营

图6-4　QFLP申请流程（上海）

3. 跨境人民币业务的创新与发展

人民币跨境双向资金池的开展是人民币国际化金融业务中重要的一步，2015年9月人民银行下发的《中国人民银行关于进一步便利跨国企业集团开展跨境双向人民币资金池业务的通知》中规定：跨境双向人民币资金池业务是指跨国企业集团根据自身经营和管理需要，在境内外非金融成员企业之间开展的跨境人民币资金余缺调剂和归集业务，属于企业集团内部的经营性融资活动。

（1）人民币资金池的发展

2014年2月，人民银行允许跨境双向人民币资金池业务率先在上海自贸区内试点，"上海自贸区普通版"跨境人民币资金池（简称"上海自贸版"）诞生；11月，资金池业务拓展至全国；2015年9月，人民银行资金池的主体资格、成员企业门槛、净流入控制等进行修订；2018年4月和8月，人民银行优化了资金池的净流入（出）限额、入池资格和期限，形成目前适用的"全国版"跨境双向人民币资金池（简称"全国版"）。

同年11月，在已有自贸区版资金池基础上推出"上海自贸区全功能版"跨境双向人民币资金池（以下简称"全功能版"）。全功能型跨境双向人民币资金池是基于FT账户体系的创新应用，支持跨国企业根据自身经营和管理需要，在境内外成员企业之间开展资金余缺调剂和归集的业务。

（2）本外币资金池的发展

为便利跨国公司跨境资金流动，降低企业运营成本，2012年国家外汇管理局首次在京、沪两地试点跨国公司外汇资金集中运营；2014年4月，国家外汇管理局首次将跨国公司外汇资金池业务推广至全国；2015年，国家外汇管理局进一步优化跨国公司外汇资金集中运营管理，试点外债比例自律管理；2019年3月，推出的跨国公司跨境资金集中运营，首次允许人民币入池，正式标志着跨境资金池本外币一体化时代的到来。2021年3月，面向信用等级较高的大型跨国公司，中国人民银行、国家外汇管理局开始在北京、深圳两地试点本外币一体化资金池。近期，一体化资金池拟进一步推广至上海自贸区临港新片区。2022年7月22日，中国人民银行、国家外汇管理局共同宣布扩大跨国公司本外币一体化资金池试点。在上海、广东、陕西、北京、浙江、深圳、青岛、宁波等地开展第二批跨国公司本外币一体化资金池试点，进一步优化管理政策，便利跨国公司企业跨境资金统筹使用。2022年8月22日，中国银行上海市分行与临港新片区试点企业上海国际港务（集团）股份有限公司开展跨境资金池业务合作，实现上海市跨国公司本外币一体化资金池业务首发。

二、跨境金融发展现状

（一）跨境资本流入的结构发生显著变化

流入中国的跨境资本，与全球范围的跨境资本流动，特别是与新兴经济体的跨境资本流动存在共性。伴随着国际产业链逆全球化和中国资本市场近年来对外开放力度加大的叠加效应。2010—2021年期间，外商直接投资FDI流入占比从59.44%下降到49.43%，跨境银行信贷占比从24.14%下降到21.17%，而证券类投资占比由16.42%攀升至29.40%（见图6-5）。同时，美联储加息后，美元货币升高的利率使得人民币之前的利率优势地位下降，导致跨境资本具有流出趋势。复杂的宏观环境变化对跨境金融体系的改革提出了新的要求。

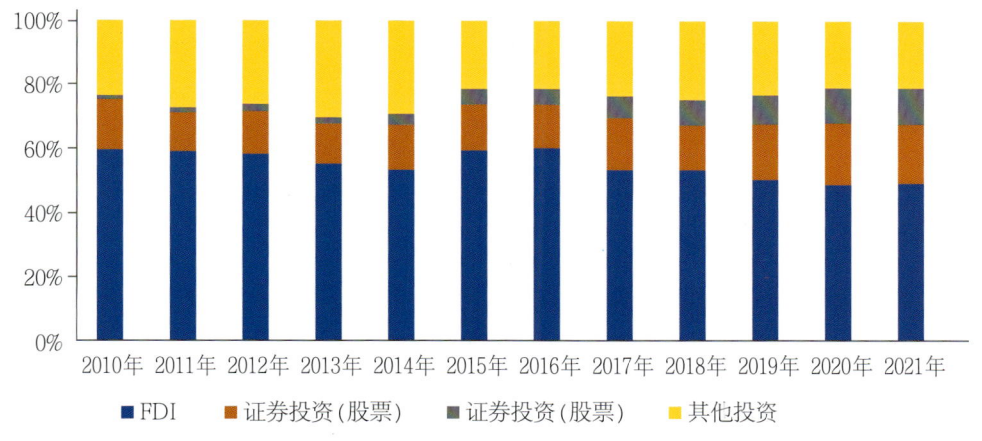

资料来源：IMF，《跨境资本流动：特点、趋势与影响》。

图6-5 2010—2021年跨境资本流动情况

在外资证券投资中，股票投资的占比保持稳定，债券投资增长较快。2012年之前，我国年均吸收债券投资仅数十亿美元。2012年至2016年，合格境外机构投资者制度（QFII/RQFII）不断完善，年均吸收债券投资增加至200亿美元以上。2017年以来，我国债券市场不断开放扩大，境外投资者直接投资银行间债券市场更加便利，"债券通"正式实施，我国国债等逐步被纳入国际主流指数，年均吸收跨境债券投资跃升至1 000亿美元。2017年至2022年第三季度，我国吸收债券投资增量累计近4 300亿美元，仅低于美国、日本等，在全球位居第六位，与其他新兴经济体总和相当。2018年我国吸收跨境债券投资存量首次跃升至新兴经济体首位，2021年我国吸收跨境债券投资规模占主要新兴经济体吸收总规模的比重上升至 1/3。图 6-6 是 2022 年第三季度末主要新兴经济体吸收全球跨境债券投资规模情况。

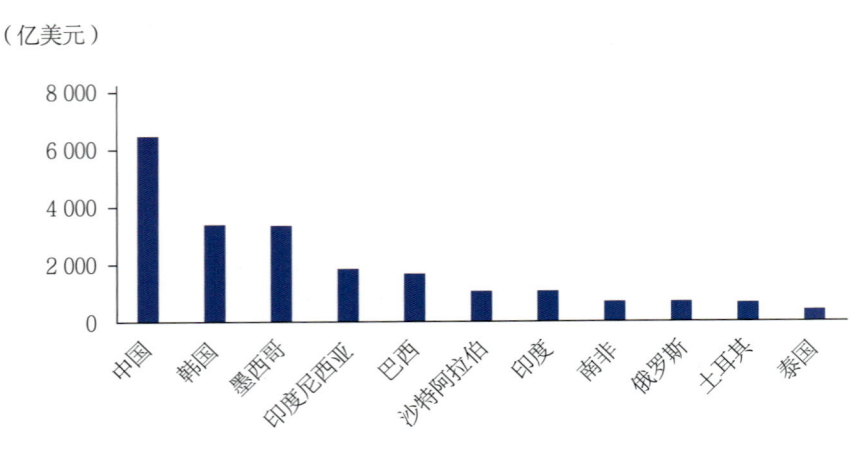

资料来源：国际货币基金组织。

图 6-6　2022 年第三季度末主要新兴经济体吸收全球跨境债券投资规模情况

从中长期看我国吸收跨境债券投资的稳定性依然较高，阶段性调整不影响国际收支总体平衡的大局。人民币资产在全球保持相对优势，未来境外投资者仍会稳步投资我国债券市场。首先，我国经济运行长期向好，近十年平均经济增速保持在 6% 以上的中高速水平，尤其是 2023 年在全球经济下行背景下，我国经济企稳回升，增强人民币资产吸引力。其次，我国宏观经济政策坚持以我为主，利率、汇率、资产价格走势相对独立，使得人民币资产在全球资产配置中呈现较好的分散化效果，具有多元化配置功能。第三，近年来人民币债券风险收益特征不同于其他新兴市场债券，而与发达国家债券更为接近，已逐步成为准安全资产，避险属性凸显。此外，当前我国债券市场外资占比较低，未来仍有较大提升空间。

（二）跨境资本流出大幅增加，对外净资产由负转正

图 6-7 显示，在 2008 年前，我国对外净资产为负，但是规模逐年减少。此后，我国对外净资产开始由负转正，并逐年上升。2022 年年末，我国对外金融资产 92 580 亿美元，对外负债 67 267 亿美元，对外净资产为 25 313 亿美元，较 2021 年年末增长 15.8%。这说明我国利用外资"引进来"与对外投资"走出去"双向开放成效显著。从我国对外资产和负债规模看，我国稳居世界前八位、新兴经济体首位，从对外净资产看，我国目前为全球第三大净债权国。

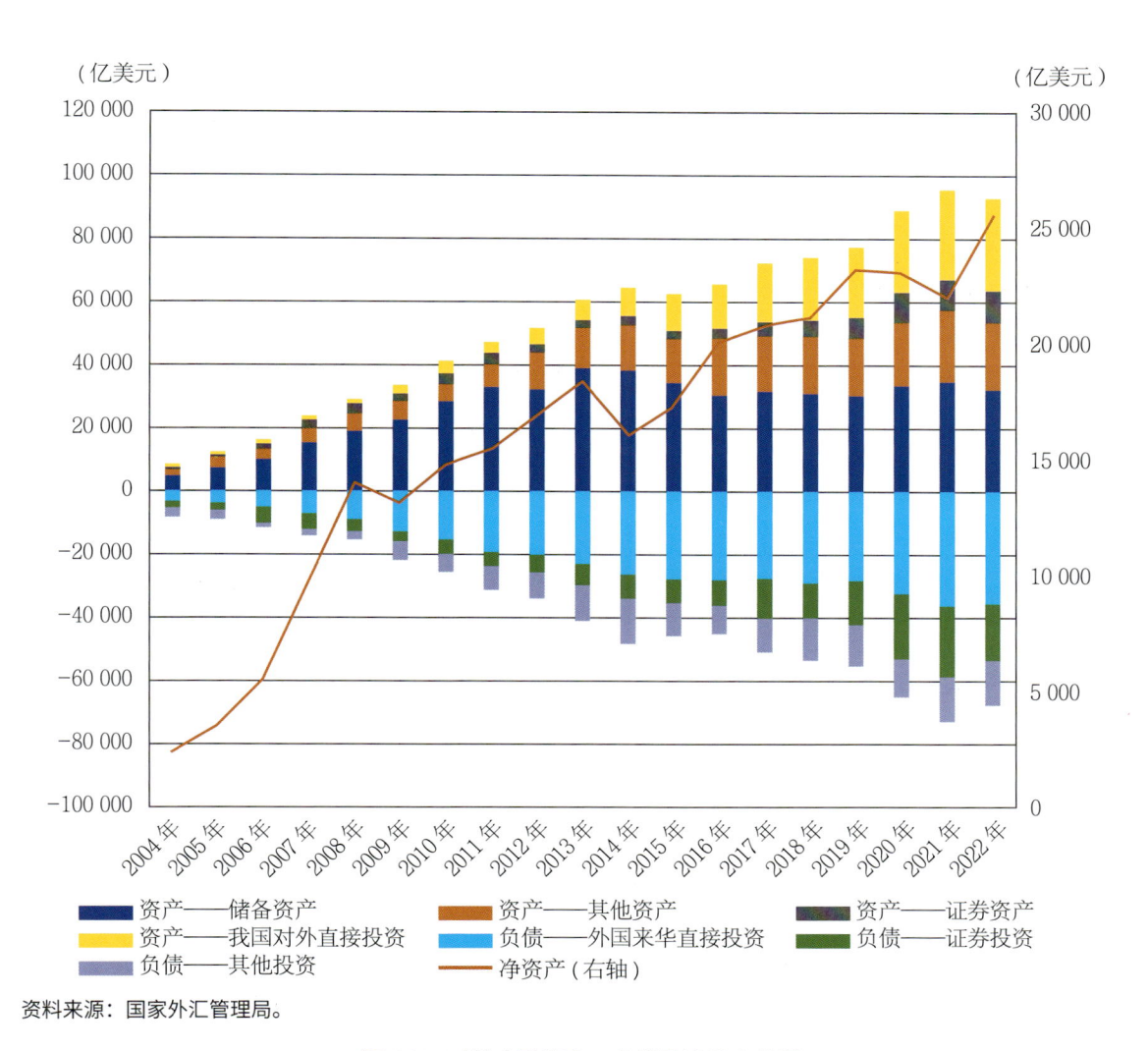

图 6-7 对外金融资产、负债及净资产状况

（三）中国香港人民币离岸市场快速发展

中国香港的人民币业务始于 2004 年。中国人民银行和香港特别行政区金融管理局签署《合作备忘录》，并于 2004 年 1 月 1 日起正式生效，香港持牌银行开始提供人民币个人业务，包括人民币存款、汇兑、汇款和信用卡业务等。2007 年，中国政府同意内地机构在香港发行人民币计价的金融债券，中国人民银行并为此制定了《境内金融机构赴香港特别行政区发行人民币债券管理暂行办法》。2008 年年底，我国明确人民币国际化战略发展目标，2009 年中国人民银行与香港特别行政区金融管理局签署内地与香港跨境贸易人民币结算业务备忘录，在香港试点人民币跨境结算业务，大幅提升了香港离岸人民币存量的规模。2010 年，中国人民银行发布《关于境外人民币清算行等三类机构运用人民币投资银行间债券市场试点有关事宜的通知》，离岸人民币资金回流机制建设正式起步，香港人民币离岸市场规

模不断扩大。

此后，中国人民银行与香港特别行政区金融管理局密切合作，坚定支持香港国际金融中心建设，如大量内地企业赴港上市，沪深港通、债券通等机制平稳运行并不断优化，等等。如今，香港在跨境人民币支付中占比接近50%，在离岸人民币存款中占比接近60%，在离岸人民币债券发行中占比超过80%，对人民币国际化起到了重要的推动作用，是全球最大的人民币离岸市场。

1. 主要市场功能及发展情况

目前，中国香港人民币离岸市场主要提供存款、贷款、证券交易、汇款、汇率交易等多种人民币金融服务，以及人民币股票、人民币债券、人民币ETF、人民币REIT和人民币衍生产品等多种可供选择的离岸人民币投资产品及风险管理工具。中国香港证券市场上首只人民币债券于2010年10月22日上市，此后在2011年和2012年分别首次上市了人民币REIT和人民币ETF（黄金）、人民币股票与人民币权证（见图6-8）。

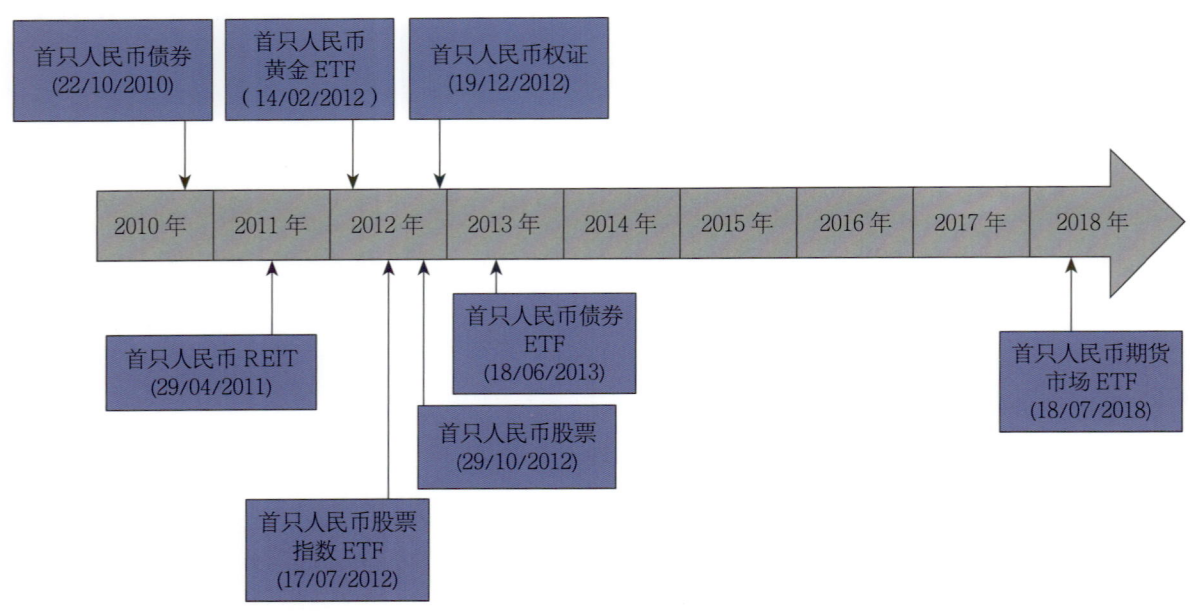

资料来源：香港交易及结算所有限公司。

图6-8 香港交易及结算所推出人民币证券产品的时间表（截至2020年12月）

中国香港上市人民币证券总数自2011年起连续五年增长，在2015年达到总计189只的顶峰，占香港交易所主板证券总数的2%。此后，由于2012年至2015年间上市的人民币债券相继到期除牌，证券总数从2017年开始大幅下降。截至2020年年底，中国香港上市人民币证券总数为119只（占主板证券总数约0.7%），是2012年以来的最低点。在中国香港离岸人民币证券市场中，人民币债券占比最大（63%），ETF占比位居第二（35%）。

中国香港一直是最重要的离岸人民币结算枢纽，处理全球逾70%的人民币付款。充足的流动性为香港离岸人民币债券的发展提供所需支持。2022年，在香港发行的离岸人民币债券达人民币3 300亿元，按年升幅超过100%。截至2023年3月底，债券市场上的未偿还"点心债券"超过人民币5 400亿元，另有人民币800亿元由中国人民银行发行的未偿还票据。

离岸风险管理工具情况：自2015年8月人民币汇率机制改革后，人民币汇率的波动性（不论是变动频率还是幅度）已然增加。因此，为对冲所涉及的汇率风险，全球投资者对相关的人民币衍生产品的需求有所增加。

2012年9月在香港交易所衍生产品市场推出的离岸人民币（香港）兑美元期货（即美元兑人民币（香港）期货），是香港交易所首只人民币衍生产品，随后又陆续推出：以人民币交易的人民币（香港）兑欧元、日元、澳元及印度卢比等货币期货，欧元兑人民币（香港）期货，日元兑人民币（香港）期货，澳元兑人民币（香港）期货及印度卢比兑人民币（香港）期货；人民币货币期权合约（美元兑人民币（香港）期权）；以及以美元交易的人民币（香港）兑美元期货。

此外香港同样提供以人民币交易的大宗商品衍生产品，以支持国际社会使用人民币及实体经济活动以人民币定价。这些产品包括伦敦金属期货小型合约（2014年推出铝、铜及锌合约，2015年推出铅、镍及锡合约）。首只产品的相关金属（铝、铜及锌）是中国占全球耗用量重要比重的金属，也是香港交易所附属公司伦敦金属交易所（简称LME）交投最活跃的期货合约。2017年及2020年，香港交易所先后推出可于香港实物交收并以人民币（香港）计值的黄金及白银期货合约，随后又推出人民币（香港）黄金期货指数，进一步巩固香港作为其中一个贵金属中心的地位。

目前，外汇衍生产品交易仍是人民币资本项目中的三大不可兑换项目之一，非居民参与本地衍生产品市场有高度限制。尽管中国已进一步开放本地资本市场，容许更多海外投资者参与内地股票与债券市场，但境外投资者参与内地衍生产品市场的渠道及范围仍非常有限。只有若干类型的境外"长期"机构投资者（投资期较长的投资者，例如央行类机构、主权基金及离岸结算银行）可根据有明确定义的政策框架较容易进入内地衍生产品市场，且只有若干于本地交易所上市的"特定期货品种"开放予境外交易者买卖。

2. 香港与内地互联互通

除了在离岸证券市场进行投资外，全球投资者亦可通过互联互通机制直接投资在岸人民币资产。通过沪深港通及债券通，中国香港及国际投资者可直接投资于内地交易所上市的合资格股份及中国银行间债券市场的债务证券。

2014年和2016年，沪港股票市场交易互联互通机制（简称沪港通）及深港股票市场交易互联互通机制（简称深港通）分别开通，促进了人民币跨境双向流动，是推动两地资本市场互联互通的重要里程碑。

2017年7月及2021年9月债券通"北向通"及"南向通"分别开通。债券通"北向通"容许海外投资者经香港投资于庞大的中国内地债券市场，是境外投资者进入内地在岸债券投资的主要渠道，占境外投资者在内地银行间债券市场年度总成交额的61%。2022年，"北向通"日均成交额高达322亿元人民币，较2021年增加25%。

2020年6月，香港金融管理局联同中国人民银行和澳门金融管理局宣布在粤港澳大湾区开展"跨境理财通"业务试点，此举是推动香港离岸人民币业务发展的重大突破，也是深化大湾区金融合作的亮点。

2022年7月，内地和香港监管机构宣布推出"互换通"，首次让金融衍生工具互联互通。"北向互换通"于2023年5月15日正式启动；同时，ETF通正式启动，基金产品首度被纳入沪深港通的交易范围之内，内地及香港投资者可经由各自的本地券商，买卖彼此市场上的合资格上市ETF。自纳入该计划后，合资格ETF总计录得425亿元的资金流入，占其截至2023年6月30日的管理资产总值的22%。截至2023年8月，有六只香港ETF合资格作南向交易，同时有131只内地ETF（包括76只在上海证券交易所买卖的ETF，以及55只在深圳证券交易所买卖的ETF）合资格作北向交易。

2023年6月，港交所于二级市场推出"港币—人民币双柜台模式"，作交易及结算之用。模式涵盖在港币及人民币柜台上市的证券。证券在不同货币的柜台交易，但一般属于同一类别，拥有相同的持有人权利及权益，并可在柜台之间完全互换。

3. 香港离岸人民币中心的优势

香港离岸人民币中心的优势的主要有以下几方面。

（1）庞大的离岸资金池。香港拥有中国内地以外最庞大的人民币资金池，是最重要的全球人民币交易结算中心，负责处理全球70%以上的人民币付款程序，是支持香港离岸市场发展的重要基石。截至2023年5月底，香港人民币存款资金池达到人民币8 917亿元规模，较2022年12月底增加7%。

（2）充足的离岸投资产品及风险管理工具。香港是世界上首个推出双柜台人民币股票的市场，拥有全球最大的离岸人民币债券市场，同时香港的人民币外汇和衍生品交易量，在全球离岸市场居首位；此外，香港的人民币ETF涵盖内地股票和债券以及各种海外股票市场的指数，而相比之下，中国台湾市场只有3支大陆股票和债券的ETF设有人民币柜台，新交所只有一只人民币ETF柜台，其他的市场则连人民币柜台也没有。目前，只有一只人民币REIT在香港上市（汇贤产业信托，证券代号：87001），而在其他海外市场未见有此种类人民币产品。

（3）健全的基础设施。香港在以香港金管局主导，各主要金融机构参与营运下，建立起了港元、美元、欧元及人民币四种货币即时支付系统（RTGS），迄今仍是全球少数可提供多币种大额支付即时总额结算的离岸金融中心之一。此外，香港还建立了债务工具中央结算系统（CMU），为债券及票据提供结算交收，并与区内及国际系统联网。自2003年境外首家人民币业务清算行在香港设立以来，香港逐渐形成了全球清算规模最大、服务功能最完善、技术系统最成熟的清算机制。香港人民币业务清算量持续增长，目前占全球离岸人民币业务清算量的70%。

（4）特殊机制和政策支持。香港拥有沪港通、深港通、债券通以及互换通等成熟的与内地资本市场互联互通的机制。通过这些机制，香港可以高度灵活便捷地接通国际与内地市场，使境外投资者高效地进入内地资本市场，无需通过高成本的事先备案及本地账目管理。

（5）香港政府的支持。此外，香港拥有中国政府给予的大力支持。2024年1月24日，中国人民银行和香港金融管理局推出"三联通、三便利"的六项政策举措。一是将"债券通"项下债券纳入香港金管局人民币流动资金安排的合格抵押品。二是进一步开放境外投资者参与境内债券回购业务。三是发布优化粤港澳大湾区"跨境理财通"业务试点的实施细则，拓展和便利大湾区个人投资渠道。四是在大湾区实施港澳居民购房支付便利化政策，更好满足港澳居民置业需求。五是扩大深港跨境征信合作试点范围，便利深港企业跨境融资。六是深化数字人民币跨境试点，为香港和内地居民企业带来更多便利。

（6）内地与香港金融管理部门的密切配合，不断出台的政策利好是对香港金融发展的强大助力。香港作为连接中国内地与全球其他地方的纽带，其地域优势是其他任何离岸市场都难以取代或复制的。

三、国际宏观环境给跨境金融带来的机遇与挑战

在百年未有之大变局与全球后疫情时代交织叠加的背景下，以美国为代表的西方国家面临强刺激之后的高位通胀压力，另一方面，在经历了四十年高速增长后，我国面临着资源禀赋变化带来的一系列产业结构调整与升级的需求。如何进一步发展跨境金融业务、深化跨境金融服务模式改革，成为在复杂背景中把握机遇、应对风险的关键。

（一）跨境金融面临的机遇

随着我国由资本净流入国向资本净流出国的历史性变化，对外投资成为新阶段我国跨境金融需要服务的重点目标。对外投资合作有助于我国产业链供应链向周边国家和地区延伸，加强产业链供应链国际合作，丰富关键技术和资源的国际供应渠道，保障我国重要生产要素供给安全。在支持我国走出去企业形成产业链供应链的国内外互动循环的背景下，大力发展和推动跨境金融业务的改革的需求日

益迫切。

以"一带一路"为例，共建"一带一路"国家的基础设施建设和产业发展，需要大量资金投入。作为资金的主要来源，中国人民币在这一进程中发挥了重要的计价和结算作用。近期，全球主要经济体纷纷加息，导致各国汇率波动加剧，企业面临更大的汇率风险。在这种情况下，人民币的安全性、便利性和融资成本等方面的优势日益凸显。未来随着人民币国际认可度的提高以及离岸人民币市场的不断成熟，更多的企业将迫切需要使用人民币来进行对外投资合作，以降低中间成本并规避相关风险。

在离岸贸易的实际业务中，我国跨境金融监管改革已取得阶段性成果。2021年12月24日央行、外汇局发布《关于支持新型离岸国际贸易发展有关问题的通知》（银发〔2021〕329号），按"鼓励创新、包容审慎"原则，指导银行提升贸易投资便利化。通知规范了新型离岸国际贸易的定义，明确了银行审核要求，在防范风险的前提下，人民银行、外汇局对新型离岸国际贸易业务跨境资金结算实现本外币一体化管理，支持离岸贸易发展。

（二）跨境金融面临的挑战

为稳步推进人民币资本项目可兑换的任务、体现"国际收支基本平衡"的管理宗旨，资本项目管理始终是我国外汇管理的重要组成部分。如何在资本项目管理的背景下，推动跨境金融的稳步发展是不断深化跨境金融业务改革中面临的重要挑战。

1. 监管政策与市场环境差异

监管政策和市场环境的差异给跨境金融活动带来了不确定性和复杂性，增加了交易成本和风险。例如，反洗钱、反恐怖融资、制裁筛选等合规要求在各国执行不均衡，可能导致跨境支付的延迟或拒绝。

2. 数字化转型和技术创新的挑战

以互联网方式跨境提供金融服务近年来飞速发展，越来越多的境外互联网金融服务机构以"跨境交付"（Cross-Border Supply）的方式向境内单位或个人提供金融服务，且业务规模庞大、增长迅速。数字化转型和技术创新为跨境金融实践提出了新的问题，例如：如何保护数据隐私和安全，如何协调不同技术平台和标准，如何适应和监管新兴的数字货币和支付工具等。

四、未来展望与战略建议

在我国经济发展从高速增长阶段向高质量发展阶段转移的过程中,跨境金融领域面临着新的挑战与机遇。由于我国产业升级与产业链转移的新形势,我国资本作为投资主体,对"一带一路"与东南亚国家输出技术与模式成为新兴的发展方向。特别是在新的利率环境下,跨境资本流动由外商投资为主导,逐渐转化为内资对外投资与外商投资并存的阶段,对跨境金融的业务要求也从便利外商进入转化为便利资金双向流动。临港地区则应在政策制定和服务优化方面寻求更多的国际合作与协调,以促进跨境金融服务更加顺畅和高效。本节分别从三个层面展开关于跨境金融业务的展望,并给出相关建议。

(一)全国层面

1. 多版本 FT 账户的统一规范

目前 FT 账户在我国不同的自由贸易区并存几个不同的版本,如海南版、天津版、上海版等。虽然 FT 账户的设立旨在促进贸易和投资便利化,但是过多的版本可能会增加管理成本、造成混淆,并可能导致监管方面的困难。不同版本可能具有不同的规则和要求,企业在实际操作中将会需要花费更多的时间和资源来了解和遵守这些规定。更进一步,不同版本的 FT 账户,也会导致国内各自贸区之间进行 FT 账户规则的竞争。因此,针对 FT 账户版本过多的情况,建议相关监管部门和机构应该努力简化和统一规则,减少账户版本的数量,从而降低管理成本、降低市场混乱,并提高监管效率。

2. 离岸账户的发展

目前 FT 账户仍处于兑换便利阶段,但并没有实现真正的离岸账户功能。在银行系统内其会计并表、交易合规、审计等问题仍需要符合在岸账户的各类监管要求。目前,FT 账户在便利性方面有较大的提高,但并未实现离岸账户跨境自由兑换的全部功能。因此,在下一个阶段的跨境金融发展中,除了现有的 FT 账户体系外,我国仍需要一套完全符合离岸账户标准的账户体系,以满足企业跨境业务、出海发展等更高层次的需求。

（二）上海层面

在全球主要货币高利率的宏观环境下，作为全球金融中心的上海市的跨境金融发展策略需要一定程度的重新审视与调整。

1. 深化金融市场改革

一方面，深化金融市场功能，通过完善金融产品开发、私募股权和创业投资转让平台，以及大宗商品交易和定价中心，提高跨境金融服务适应复杂多变国际宏观环境的能力；另一方面，继续提高金融市场国际化水平，在全球高利率环境下，上海需加强金融生态系统建设，建设国际金融资产交易平台，统一开放债券市场，实施外债登记改革试点，以引领金融制度的进一步开放。

2. 完善金融基础设施

加强债券市场基础设施的互联互通，建立贸易金融区块链标准体系，优化金融市场交易报告库和资本市场注册制度，以及完善外债管理制度，优化跨境金融环境，以抵抗和防范潜在的由国际宏观环境变化而导致的系统性风险冲击。

（三）临港新片区

对临港新片区而言，国际宏观环境的变化具象为企业在跨境金融业务中的宏观风险，作为跨境金融业务改革开放的先行阵地，结合先行先试的特色优势，临港新片区应当在以下几方面进一步发展。

1. 加强数字基础设施建设

加强数字基础设施建设并推进数字贸易创新发展，完善国际通信海缆设施和新型互联网交换中心，推进算力中心和交易平台建设，探索数据中心试点。高标准建设国际数据产业园，开展数据监管沙盒试点。

同时，推动跨境数据合作项目，加快数字贸易国际枢纽港建设，促进数据安全有序流动，防范跨境风险，依托"国际数据港"，建立数据流动管理和安全评估机制，开展跨境数据合规服务，提供国际数据业务的载体支撑，形成数据产业集聚效应。

2. 深化贸易服务体系改革

在加强数字基础设施建设的基础上，打造"丝路电商"合作功能，深化跨境电商合作，建立全球集散分拨中心，研究货物海关监管新模式，建立电子认证服务互通平台。利用该平台，深化服务贸易重点领域创新发展，包括跨境金融先行先试、国际航运服务能级提升、技术贸易交易体系完善、商文体旅外向发展推动、教育医疗领域开放扩大。

同时，打造全方位服务贸易促进体系，加强国际交流合作，培育服务贸易主体，引进服务贸易人才，丰富重点空间载体，搭建专业服务平台，优化服务贸易营商环境，提升资金流动便利，促进人员流动自由。

3. 改善跨境投融资服务

继续深化 QFLP 和 QDLP 试点，支持金融机构为临港新片区内企业和非居民提供多样化跨境金融服务，如发债、投资并购、资金运营。探索人民币离岸交易，推动金融科技应用，如人工智能、区块链。加快再保险"国际板"建设，吸引保险机构设立再保险运营中心。支持个人和企业跨境购买境外金融服务，具体种类由相关金融管理部门规定。

第七章

金融科技与数字化转型

金融科技旨在"运用现代科技成果改造或创新金融产品、经营模式、业务流程等，推动金融发展提质增效"。"十四五"规划明确提出要"稳妥发展金融科技，加快金融机构数字化转型"。近年来，生成式AI、金融大语言模型等技术推进了金融机构与金融系统的数字化转型，驱动了金融业务的重构与创新，进而推动了金融行业从高速增长转向高质量发展。

金融科技在迅猛发展的同时也给我国金融体系带来了新的挑战，如金融科技市场竞争失衡问题，及其催生的新型风险问题，甚至包括金融大语言模型的实用性及可落地性问题和金融科技高层次人才供给结构性短缺问题等。上述诸多问题制约着金融科技服务实体经济质效，并可能破坏我国金融市场的稳定。因此要加快建设金融科技信息披露平台，全面防范各种新型风险，并推动行业应用核心技术的前瞻性部署，同时打造贯穿金融产业的金融科技人才联合培养机制，实现高层次人才的精准输送。

一、概念与内涵

金融科技由"金融"与"科技"二词合成而得，代表了两者的结合体。2016年，全球金融稳定理事会（FSB）将"金融科技"定义为"技术带来的金融创新，它能够产生新的商业模式、应用、过程或产品，从而对金融市场、金融机构或金融服务的提供方式产生重大影响"[①]。中国人民银行印发的《金融科技发展规划（2019—2021年）》同样指出，金融科技旨在"运用现代科技成果改造或创新金融产品、经营模式、业务流程等，推动金融发展提质增效"。中国人民银行金融研究所互联网金融研究中心进一步将金融科技分为狭义与广义两类。其中，狭义的金融科技是指，金融机构运用包括云计算、大数据以及区块链等新型数据分析和存储技术，以加强经营管理、提升服务效率和市场竞争效率；而广义的金融科技还包括金融机构利用新的管理技术和方法，对金融业态和金融运营模式等产生的新的影响。

金融科技的快速发展推进了金融机构与金融系统的数字化转型，驱动了金融业务的重构与创新。具体而言，2010—2013年是我国步入数字化转型的第一阶段，手机银行、电子银行逐步开始"电子化"；2014—2017年，随着互联网金融的蓬勃发展，我国进入"线上化"的第二阶段；自2018年起，金融数字化转型进入"科技化与智能化"快速发展的第三阶段，尤其是2022年下半年生成式AI的爆发式增长，金融机构的数字化创新全面覆盖到风险管理和合规、资产管理、客户服务、营销与销售、知识管理和文档分析等方面。具体如图7-1所示。

| 第一阶段
（2010—2013年）：
电子化 | → | 第二阶段
（2014—2017年）：
线上化 | → | 第三阶段
（2018年至今）：
科技化与智能化 |

图7-1 我国数字化进程

《中华人民共和国国民经济和社会发展第十四个五年规划和2035年远景目标纲要》指出，在"十四五"期间，应"稳妥发展金融科技，加快金融机构数字化转型"。据此《金融科技发展规划（2022—2025年）》明确了金融数字化转型的总体思路、发展目标、重点任务和实施保障。伴随数字化转型战略规划的制定与战略方向的明确，如何紧密结合金融科技、稳妥有效地实现金融机构全方位数字化转型已成为进一步深化金融供给侧结构性改革、构建符合高质量发展要求的现代金融体系的关键环节。

[①] 金融稳定理事会的前身为金融稳定论坛（FSF），是七个发达国家（G7）为促进金融体系稳定而成立的合作组织。在中国等新兴市场国家对全球经济增长与金融稳定影响日益显著的背景下，2009年4月2日在英国伦敦举行的20国集团（G20）金融峰会决定，将FSF成员扩展至包括中国在内的所有G20成员国，并将其更名为FSB（英文全称Financial Stability Board）。

过去几年间，中国银行业从战略规划与组织建设、业务体系数字化以及支撑体系数字化来全面推进数字化转型（见图 7-2）。北京大学数字金融研究中心相关指数研究报告显示，2010—2021 年，我国 264 家商业银行的数字化转型投入指数增幅高达 700%。例如，在 2022 年中国工商银行与建设银行的数字化转型投入上就已分别高达 262 亿元与 232 亿元。接下来，伴随 5G、物联网、大数据等数字化金融基础设施建设的逐步成熟，金融行业数字化转型与智能化升级将持续深化，并通过开辟新市场、创造新价值、挖掘新产能等方式进一步推动金融行业实现从高速增长向高质量发展的转型升级。具体而言，金融行业数字化服务在贯穿"衣、食、住、行"等生活领域消费的基础上，还将继续探索医疗、教育、旅游、养老、娱乐等新兴应用场景，通过"银行+"等在线服务平台将数字化金融服务向新消费场景进行渗透，切实填补"医、教、游、养、娱"等场景中的关联金融服务空缺。与此同时，伴随数字技术应用水平及专业化程度的提升，金融机构还将构建兼具针对性与差异性的多层次服务体系，通过数字化技术聚焦客户实际需求、有针对地提供一系列创新解决方案及服务，加速金融机构由同质化竞争转向"精耕细作"，在改善客户体验的同时寻求创造商业价值的机会。此外，AI 运营、私域运营等数字化营销手段将辅助金融机构识别潜在客户并增强客户转化率，促进目标客户营销精准度的迅速提升，在此基础上，大数据处理、知识图谱自动识别等技术将对碎片化的客户信息进行智能处理并提升相关业务的决策效率，进而最大程度上挖掘并释放金融机构产能。

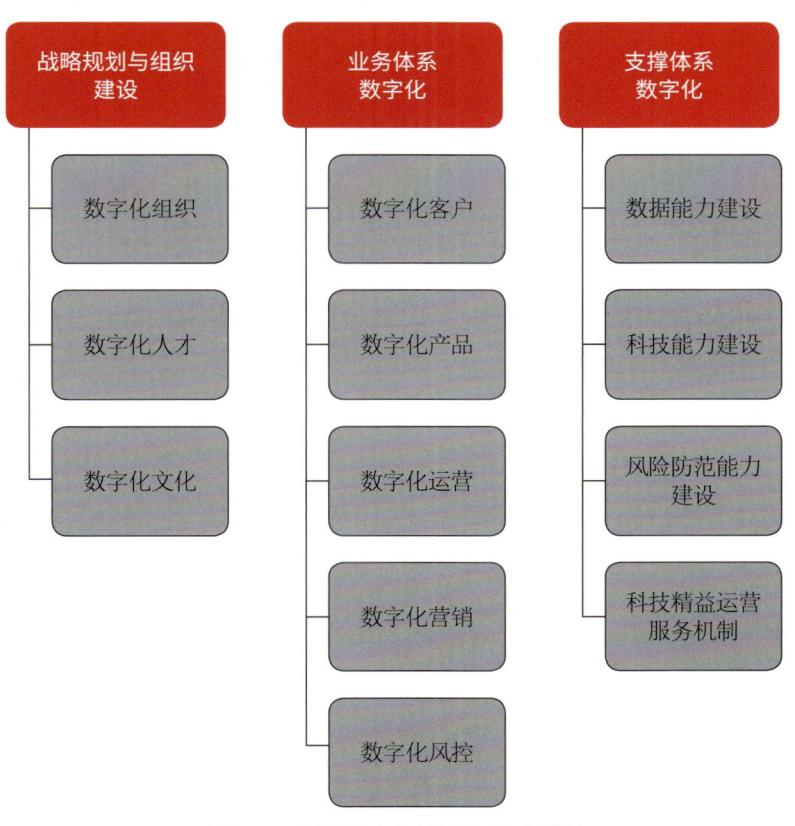

图 7-2　银行数字化转型的战略规划

二、国内外发展现状

（一）金融科技国内外投资规模和发展对比

过去十几年间，全球金融科技呈快速扩张态势（见图7-3）。而我国由于人口基数较大、市场需求较高，金融市场潜在规模巨大，金融科技各细分板块快速发展，区块链、人工智能、大数据等技术的应用使金融市场的交易结算效率不断提高，数字金融服务边界持续拓展。

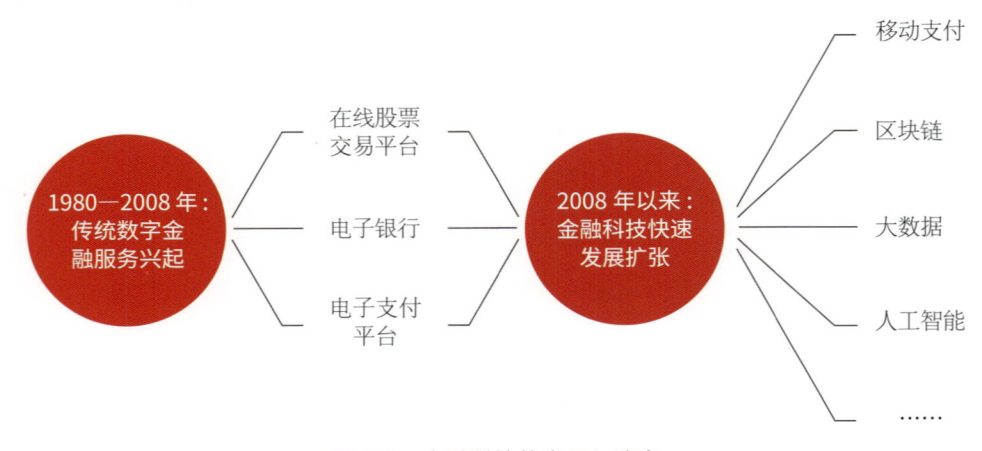

图 7-3　金融科技的发展与演变

但是，近一两年随着全球经济发展不确定、不稳定因素的增加，全球金融科技投资规模持续下滑（见图7-4）。数据显示，2023年1月至6月，全球金融科技投融资总额仅为229亿美元，同比降幅高达57%，为2017年以来的最低点。[①] 其中，美国金融科技融资和交易分别环比下降5%和6%；而欧洲金融科技与支付公司在第一季度募集的投资额也仅为6.2亿美元，远低于2022年同期的67.3亿美元。全球金融科技各细分板块融资和交易情况如图7-5所示。

---

① 数据来源于《中国金融科技生态白皮书（2023年）》。

第七章 金融科技与数字化转型

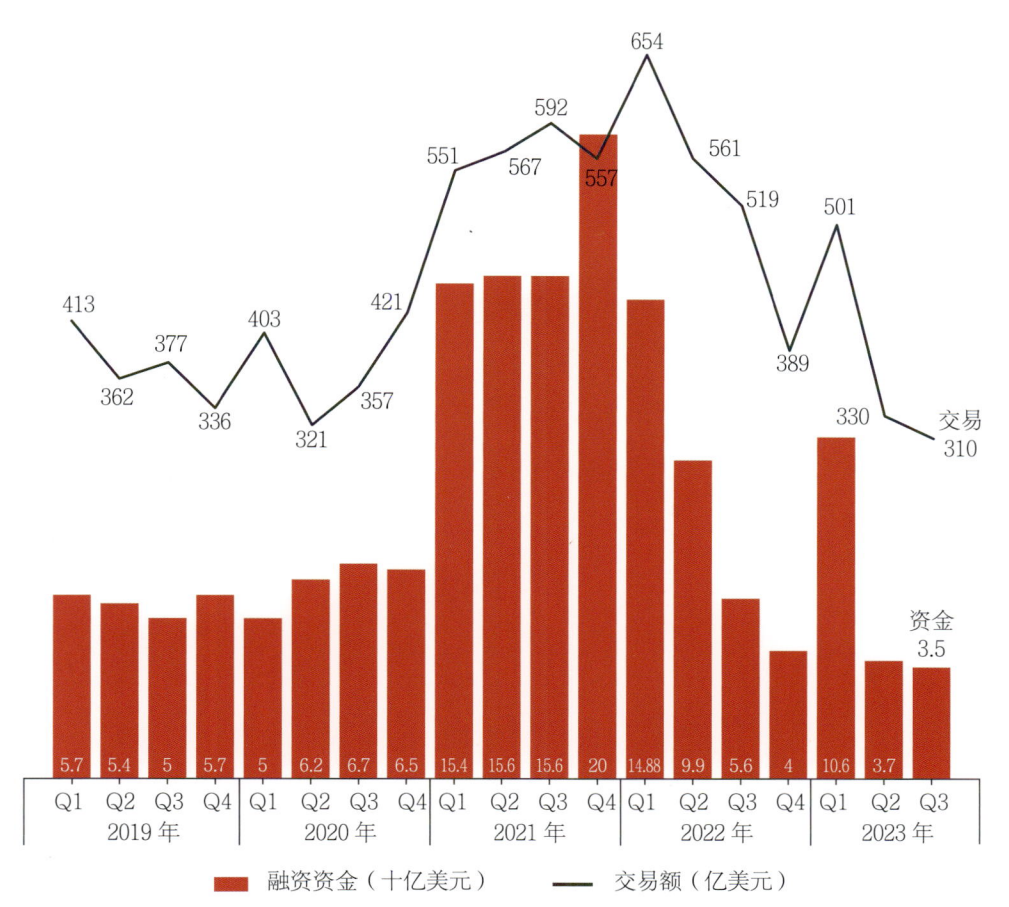

资料来源：CB Insights。

图 7-4　2019—2023 年全球金融科技融资和交易额演变

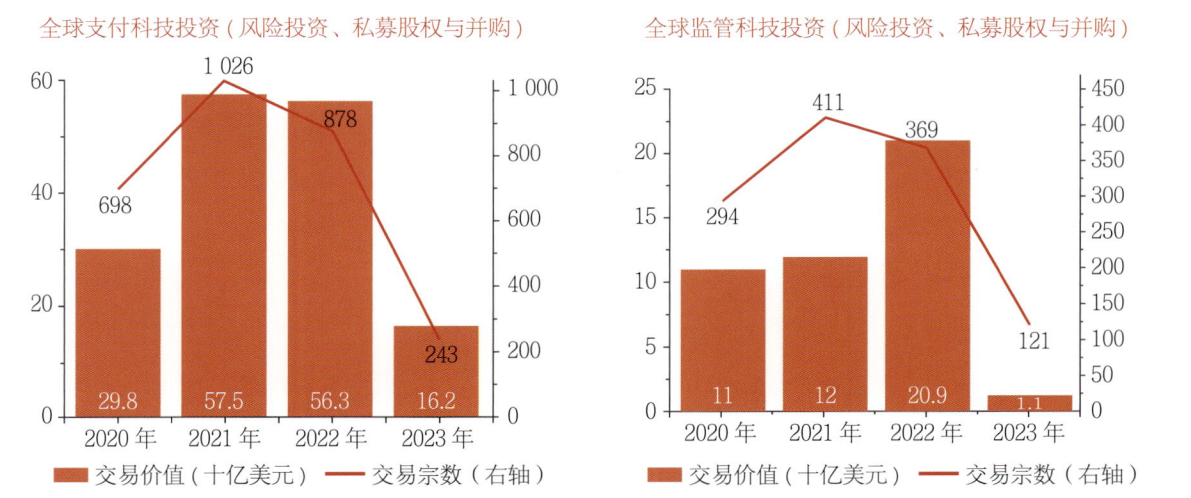

资料来源：毕马威国际（数据由 PitchBook 提供），《金融科技脉搏》（2023 年上半年）、全球金融科技投资分析报告，2020—2023 年（截至 2023 年 6 月 30 日）。

图 7-5　2020—2023 年全球金融科技各细分板块融资和交易额演变

121

从金融科技各细分板块来看，全球宏观不确定性加重了投资者对潜在衰退、高利率、高通胀的担忧。基于此，2023年上半年，支付科技、监管科技、财富科技等金融科技板块的投资交易价值和交易宗数均出现了大幅下滑。与此同时，投资者的关注焦点迅速向风险规避及网络安全转移，为保险科技、网络安全板块带来了投资热潮。

此外，受市场成熟度、国际经贸联系、高端人才储备等因素影响，全球不同区域的金融科技发展规模存在明显分化态势（见图7-6）。例如，在2023年第三季度，仅美国金融科技投融资额就达到了35亿美元，同期亚洲为20亿美元，欧洲为13亿美元，而非洲与拉丁美洲的投融资额分别仅为1亿美元与3亿美元。但近年来，发达市场的投融资规模与市场活跃度逐步下降，产业增速有所放缓。与此同时，亚洲、拉丁美洲、非洲等新兴市场增速则出现了显著提升。

资料来源：CB Insights。

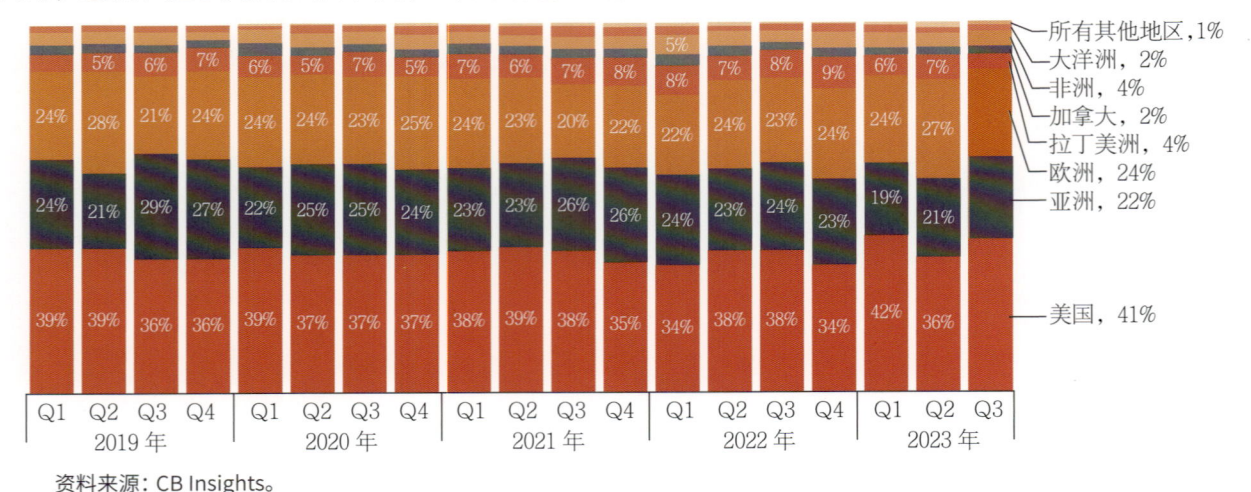

图7-6 2019—2023年全球各国金融科技季度交易份额占比演变

波士顿咨询公司及QED风险投资公司指出，中国、印度、印度尼西亚等新兴亚太地区内庞大的人口基础和迫切的金融服务需求为金融科技市场发展提供了强大助推力，伴随地区中小企业数量以及科技人才的不断增长，在地区金融科技巨头的推动下，新兴亚太地区有望在2030年成为全球最大的金融科技市场。其中，新冠疫情以前，腾讯与阿里巴巴已成为全球市值排名前十的科技公司，帮助中国成为亚太地区的金融科技领导者。此外，波士顿咨询公司认为拉丁美洲及非洲将有望在2030年成为金融科技增长速度最快的地区。目前，拉丁美洲正在加速先进技术在行业当中的应用以加深金融科技的渗透，其政府部门也加大力度发展电子支付系统与金融系统数字化转型，以Nubank和Creditas为代表的新兴金融科技企业正在加速金融科技的发展。与此同时，非洲的传统金融服务系统尚未完善，伴随非洲人口结构、收入能力的提升以及地区金融科技的发展，非洲的金融市场有望实现"跨越式"发展。

在此背景下，世界各国开始探索建立金融科技的跨境协作规则，以期推动全球金融科技业态的融合互通，构建统一的金融数据治理框架。与此同时，我国金融科技市场格局趋于稳定，发展模式与路径更加成熟。中国人民银行印发的《金融科技发展规划（2022—2025年）》指出，现阶段"我国金融科技发展从星星之火到百舸争流、从基础支撑到驱动变革，呈现出旺盛生机与活力，有力提升金融服务质效，高效赋能实体经济，为金融业高质量发展注入充沛动力"。

（二）数字化转型关键：支付体系与央行数字货币

支付体系是金融行业的核心组成部分，对于经济体系的运转具有至关重要的作用。作为经济交易的基础，支付体系如何支持资金高效顺畅地流动是最根本的问题。健全的支付系统能够降低交易风险，提高金融稳定性。另外，高效的支付系统可以促进国际贸易和投资，加强不同国家和地区之间的经济往来。在数字经济时代，支付体系是支持数字服务的关键基础设施。

近年来，数字货币的发展是支付工具上的重要创新。数字货币主要分为两类：一是中央银行发行的数字货币，即央行数字货币；二是私营实体基于法定货币资产储备所发行的稳定币。当前，有134家中央银行正式探索开发央行数字货币，这些央行覆盖全球98%的GDP，G20经济体中已有19个处于数字货币发展的高级阶段。央行数字货币项目近年来呈指数级增长（见图7-7）。

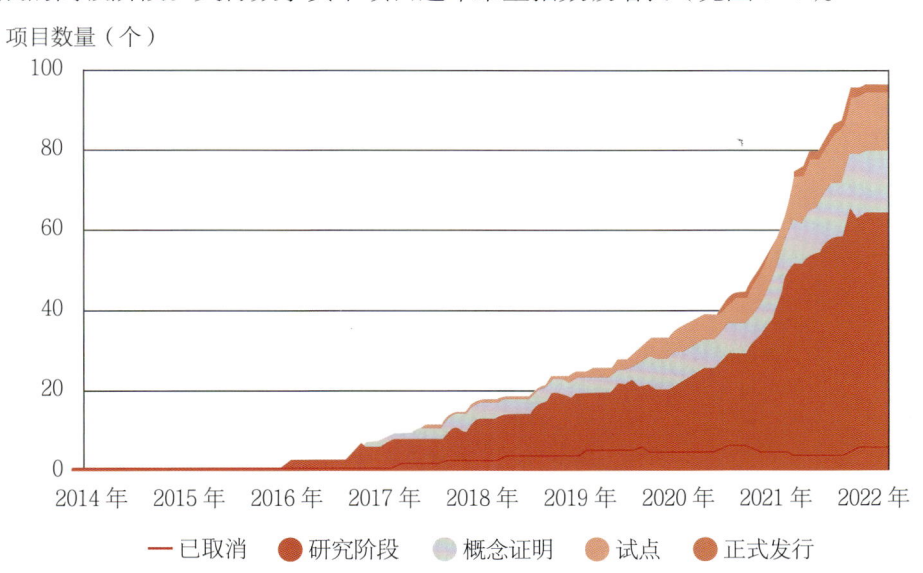

注：(1) 该图表显示了全球央行数字货币2014—2022年的月度状况；(2) 概念证明 = 高级研究阶段；(3) 有100多个国家正在探索央行数字货币。

资料来源：世界经济论坛，《中央银行数字货币全球互操作性原则》（2023年报告），https://cbdctracker.org/。

图7-7 全球央行数字货币的月度状况

作为全球最大央行数字货币，中国的数字人民币（e-CNY）覆盖了25个城市的2.6亿个钱包。2022年以来，它已被用于从交通、医疗保健到购买原油等一系列领域。2024年，数字人民币试点的重点是优化境外旅游利用，扩大人民币电子跨境应用。大部分零售央行加密货币通过银行、金融机构和支付服务提供商进行分发，而中国的数字人民币还可以通过中央银行应用程序直接获取。

欧洲中央银行（ECB）目前正处于数字欧元为期2年的准备阶段，这个过程主要是进行实际测试，如部分交易在受控环境下进行结算。该阶段将于2025年结束。

美国央行数字货币的进展基本陷入停滞，美联储表示正在研究其可能性[1]，并且没有在近期发行央行数字货币的具体计划。美联储还表示，要发行央行数字货币，必须事先在国会或白宫等立法部门做出决定后才能推行。最近美国央行数字货币的推出已成为一个政治选举话题[2]。

利用区块链技术，新加坡的银行业在可编程数字货币的实验上于2023年实现了重大突破。目的限定资金（PBM）是一种数字化的货币形式，它允许资金发行方为其使用设定特定的条件。华侨银行和大华银行正在探索如何对PBM进行编程，以确保数字货币在不同的发行机构间保持可互换性，或者实现不同数字货币之间的相互交易与兑换。继在封闭测试环境中成功完成首阶段实验后，该银行正迈向第二阶段，计划在开放环境中测试其数字新元的可行性。PBM的应用前景广阔，特别是在政府支出方面，通过编程可以在特定条件下向公民提供资金、商品和服务的退税或福利补贴。2016年以来，新加坡三大银行——星展银行、华侨银行和大华银行通过政府支持的Ubin项目进入区块链和数字货币领域，该项目旨在探索利用区块链技术进行支付和证券清算结算。目前，这些银行正在进行多个实验项目，包括在Project Orchid下进行的数字货币交易和在Project Guardian下进行的负债与资产代币化。在资产代币化方面，大华银行专注于行业主导的项目，如Project Guardian的最新试点，该项目旨在构建一个数字基础设施，用于托管代币化资产和应用程序。Project Guardian的试点项目已经证明，金融市场可以利用区块链技术实现实时、全天候的结算，同时符合安全和合规要求。2023年7月，星展银行宣布，作为首批在中国推出电子人民币商户托收解决方案的外资银行之一，已成功为客户完成数字人民币交易。该解决方案使得星展银行在中国的企业客户可以使用中国人民银行发行的数字货币e-CNY来收取款项。[3]

（三）金融科技最新进展：生成式AI

现阶段，最为引人注目的技术进步当属生成式AI，它正在深刻改变金融行业的运作模式和发展方向。这方面，我国已经初步建立生成式AI的生态，形成涵盖算力基础设施、计算机视觉与自然语言处理、技术开发平台及消费端应用的金融大模型产业链图谱（见图7-8）。截至2024年，数据分析与对话式人工智能技术在中国金融机构中的应用最为广泛（见图7-9），在市场营销、报告生成、合成数据

---

[1] 波士顿联邦储备银行和麻省理工学院联合完成了汉密尔顿项目，并致力于研究潜在的央行数字货币技术可行性。
[2] 参见 https://www.atlanticcouncil.org/cbdctracker/。
[3] 参见 https://www.straitstimes.com/business/singapore-banks-make-headway-on-programmable-digital-money-trials。

生成、客户体验与互动等金融应用情景得到落地应用（见图 7-10）。

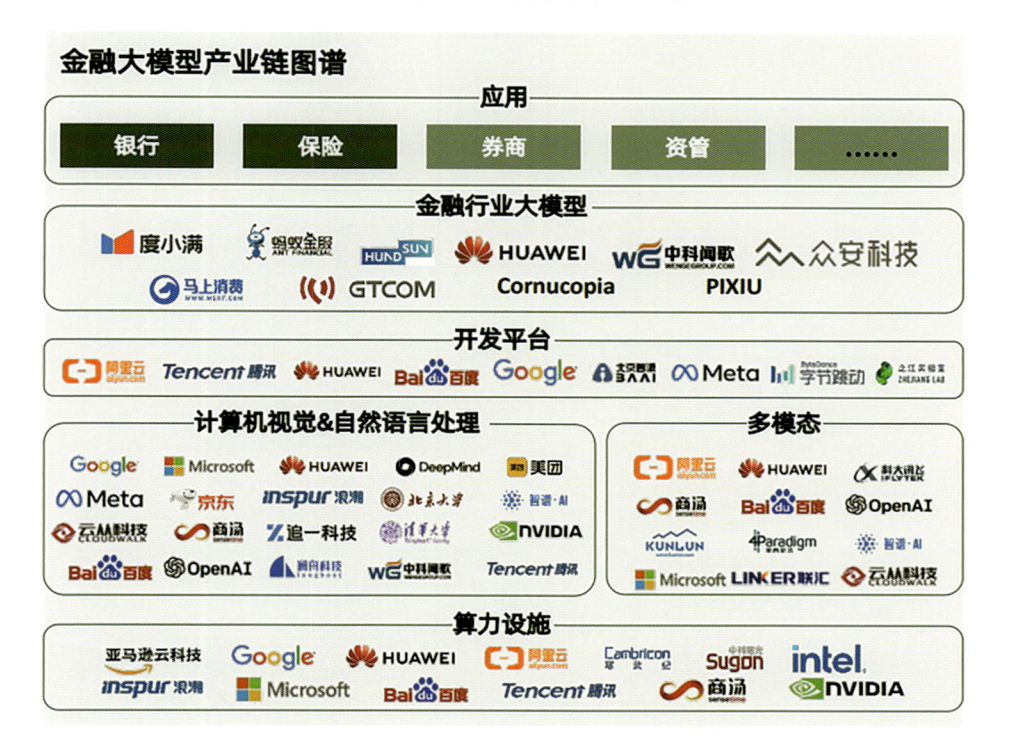

资料来源：清华大学经济管理学院、度小满等机构，《2024 年金融业生成式 AI 应用报告》。

图 7-8　中国金融大模型产业链图谱

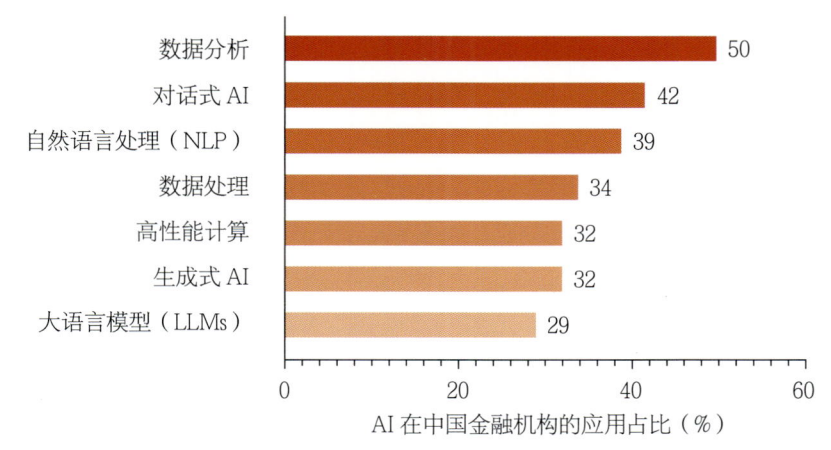

资料来源：NVIDIA。

图 7-9　人工智能技术在中国金融机构的应用

125

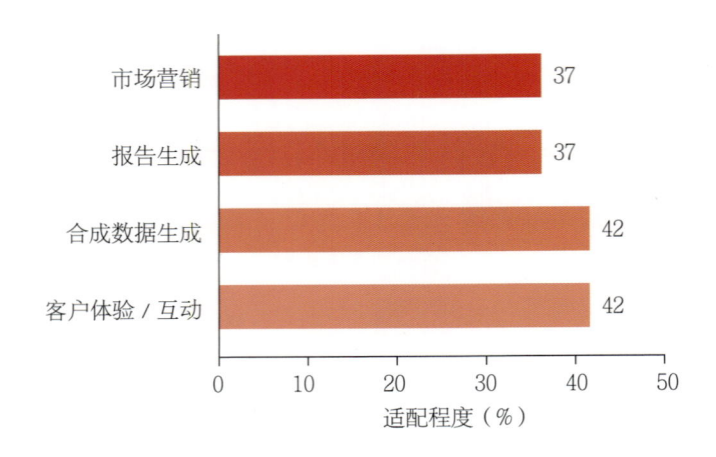

资料来源：NVIDIA。

图 7-10　大语言模型、生成式 AI 等人工智能技术与中国金融应用场景的适配程度

在人工智能领域，生成式 AI 和判别式 AI 是深度学习的两种不同方法。前者致力于创建新内容，而后者专门对现有数据进行预测或分类。具体而言，生成式 AI 是机器学习的子集，该人工智能由模型组成，此类模型能够通过现有的文本、音频、图像与提示生成并输出文本、代码、图像、音频等新内容。代表性的生成式 AI 包括大语言模型（如 ChatGPT）、视觉输出（如 Synthesia）、音频（如 Speechify）、图像（如 Midjourney）、代码（如 GitHub Copilot）等。生成式 AI 技术创新历程如图 7-11 所示。

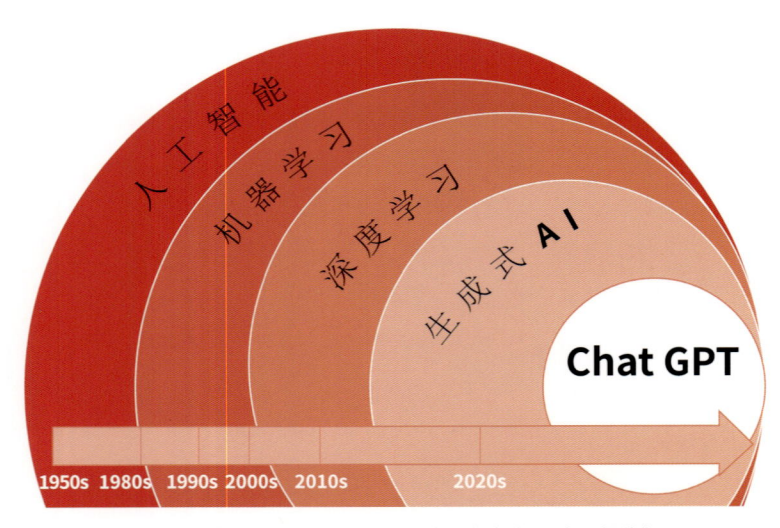

资料来源：清华大学经济管理学院、度小满等机构，《2024 年金融业生成式 AI 应用报告》。

图 7-11　生成式 AI 技术创新历程

生成式 AI 能够在很大程度上解放重复性高、数据量大的工作中的劳动力，具有极大的变革性，可以被银行等金融机构在多场景部署。例如，生成式 AI 能够有效缩减银行客服服务时间，提供更为及时的查询服务；快速分析客户消费习惯、偏好、财务状况等数据，以提供个性化客户服务；开展智慧办公、加快内部研发、提供财富管理、进行社交媒体投放管理等。

大模型等技术驱动下的金融新质生产力或将成为金融科技行业发展竞争的大方向，已有多家企业或银行在该领域做出尝试。例如，2023年5月，度小满（原名百度金融）发布了国内首个千亿级开源金融大模型"轩辕"。而2023年9月，度小满更是进一步开源了"轩辕-70B"金融大模型。"轩辕"金融大模型包括金融理解、知识增强、应用增强、对话能力等基础模型能力建设。其中，"轩辕-70B"已经通过注册会计师、银行/证券/保险/基金/期货从业资格、理财规划师、经济师等金融领域权威考试，且在度小满自有金融业务场景测试中具有优异表现，充分凸显了其在金融领域的显著优势。在由清华大学、上海交通大学和爱丁堡大学合作构建的C-Eval榜单上，"轩辕-70B"获得了71.9的高评分，而在由浙江大学、上海交通大学、微软亚洲研究院共同推出的CMMLU榜单中，该模型更是以71.05分排名第一。

三、存在的问题与挑战

（一）金融科技市场竞争失衡

随着我国金融机构数字化转型"马太效应"凸显，金融科技市场竞争失衡问题日益尖锐。例如，作为我国金融科技市场的主要参与者之一，商业银行的数字化转型速度正在逐渐分化，国有制银行与全国性银行显著优于股份制银行与地方性银行。中国人民银行科技司司长李伟在采访中指出，2021年我国13家大型银行的金融科技资金投入平均总量为122亿元，199家中小银行的同期水平仅为3.91亿元，两者差距由2019年的27倍拉大至31倍。由此可见，在行业"马太效应"的影响下，金融科技资源正逐渐向大型金融机构偏移，加速了市场竞争失衡格局的演变。值得警惕的是，金融科技资源过度集中于少数平台或机构，在破坏金融科技市场竞争秩序的同时，还将削弱金融科技服务实体经济效能。金融科技产业天然具有"赢者通吃"属性，大型金融科技平台往往能够凭借海量用户规模、丰富业务数据以及先进技术壁垒，扩大规模经营效应，取得市场支配地位。因此，在金融科技公平竞争审查机制缺位的背景下，近年来金融科技行业竞争愈演愈烈。为巩固与提升市场地位，大型金融科技平台往往要求资金需求方签订排他性协议，直接导致资金需求方在融资平台的选择上面临"二选一"的困境。

从长远来看，金融科技市场竞争失衡还将加剧金融科技领域资金供求不匹配的结构性问题，既浪费金融科技资源，又无法实现金融向初创企业、小微企业等重点领域和薄弱环节的精准滴灌，严重制约金融科技服务实体经济质效。

（二）金融科技新旧风险叠加

金融安全是我国经济高质量发展的重要基础，习近平总书记于2017年指出要"切实把维护金融安全作为治国理政的一件大事"，2022年召开的中央经济工作会议上也明确提出"要防范化解金融风险，防止形成区域性、系统性金融风险"。但随着金融科技应用领域的迅速扩张与应用技术的飞速发展，金融科技催生的一系列新型风险正在向我国金融风险防范工作发起新一轮的挑战。一方面，伴随应用领域扩张带来的互联网数据资源爆发性增长，金融机构与金融科技企业在保护用户数据方面的不足日益凸显，部分机构甚至还出现了违法兜售、泄露用户数据的现象[1]。在大数据、生物信息识别、深度学习等技术加持下，金融科技企业泄露的数据可被用于深度伪造（Deepfake），进而直接盗窃账户金融资产或实施其他违法犯罪[2]。此外，数据泄露还将为数据非法交易、个人信息非法买卖等黑灰色产业链条输送原料[3]。另一方面，金融科技应用技术的复杂性为技术滥用提供了监管保护屏障，使得滥用金融科技实施的金融犯罪难以及时地被监管部门精准识别。例如使用加密货币开展非法交易、走私、洗钱、腐败、诈骗等金融犯罪[4]，又如利用高频交易操纵金融市场价格[5]。从表面上看，数据风险和技术风险等新型风险不仅造成了用户的个人隐私泄露和金钱财产损失，还可能将金融科技推向"信任困境"。从长远来看，如果这类新型风险没有得到较好地防范，与其他金融风险叠加，则可能催生系统性金融风险，破坏我国金融经济和社会大局的稳定。

（三）金融科技基础设施互操作性弱

金融科技基础设施的互操作性是确保金融系统全球一体化和高效运作的关键因素。互操作性不仅涉及技术层面的兼容性，还包括监管框架、业务流程和市场实践的一致性。在全球金融科技快速发展的背景下，各国金融科技基础设施的互操作性弱，不仅限制了金融科技产业的跨境服务能力，还阻碍了产业的对外溢出与辐射，进而影响了全球金融市场的整体效率和稳定性。一方面，技术标准的不统

---

[1] 源自《互联网法律评论》报道，参见 https://www.36kr.com/p/1680001029125122。
[2] 源自《零壹财经》报道，参见 https://www.163.com/dy/article/IK34Q3KP05198086.html。
[3] 源自《证券日报》报道，参见 https://www.thepaper.cn/newsDetail_forward_16367714。
[4] 源自《财经新媒体》报道，参见 https://finance.sina.com.cn/roll/2020-11-02/doc-iiznezxr9408201.shtml。
[5] 源自《复旦金融评论》报道，参见 https://fisf.fudan.edu.cn/show-80-3700.html。

一导致了系统间的兼容性问题，不同国家和地区采用的金融科技解决方案在技术架构、数据格式和通信协议等方面存在差异，这些差异增加了跨境交易的复杂性和成本。另一方面，不同国家对金融科技的监管政策、法律法规有着显著差异，这些差异使得金融科技企业在跨境扩展时面临更多的合规挑战。

我国深耕金融科技产业已久，在相关领域先发优势巨大，随着数字人民币的推广使用以及资产数字化步伐的加快，即时支付、即时清算等对金融科技基础设施走出去的要求越来越高，而金融科技基础设施互操作性的不足成为重要的制约因素。加快构建高互操作性的基础设施配套体系，增强金融科技产业的对外溢出与辐射能力，或将成为我国抢抓全球数字治理话语权的重大突破点。未来中国能否在金融科技领域发挥全球主导作用，其重点仍在于中国与国际金融科技领域的系统是否互嵌、技术是否互通、标准是否互认。

（四）金融大模型仍存在落地难问题

目前大语言模型在文书处理、智能客服、实时风险监测等方面帮助金融机构实现了降本增效，但该模型依旧难以满足金融场景的具体需求，主要表现在以下几个方面：

一是现阶段金融大模型精度较低，通用大模型的金融专业性不足，难以充分满足金融场景需要。金融交互场景的复杂性要求模型不仅能够理解广泛的金融理论和实践，还需具备高度的决策精度。然而，现有的金融大模型在可信度和准确性方面均存在不足，这在很大程度上归因于金融数据的局限性。首先，金融数据的数量和质量是决定金融大模型性能的关键因素。金融数据的复杂性、多样性和高维度特性要求模型能够处理和解释大量的信息。然而，由于中国金融市场的发展历程相对较短，金融数据的积累不足，尤其是与西方发达经济体相比，这些限制了模型训练的深度和广度。此外，中文金融数据的量和质相较于英文数据存在明显差距，这不仅是由于语言和文化差异，还与我国金融学术研究和数据翻译的质量有关。在这些因素共同作用下，导致了中文金融大模型在专业性和精度上的不足。金融行业中的核心业务，如信用评分、定价等，对决策精度有极高要求，大语言模型作为生成式 AI 并不能独立完美解决，而判别式 AI 更为适用此类问题。

二是大语言模型对金融情境理解能力不足，或将引发错误金融决策，难以保障模型的可信度与可解释度。金融市场的复杂性和动态性要求决策支持系统具备高度的灵活性和适应性。然而，大语言模型在金融情境中的应用受到其固有局限性的严重制约。这些局限性包括但不限于底层算法的不透明性、训练数据的质量问题以及对本土语言习惯的不充分理解。在这些因素共同作用下，导致大语言模型在处理金融信息时面临所谓的"黑箱"问题，即模型的决策过程缺乏透明度，难以被人理解和解释。这种不透明性在模型训练不充分的情况下尤为严重，容易导致生成失真或误导性的信息。此外，大语言模型在金融领域应用的不可解释性还引发了关于责任归属的复杂问题。当使用这些模型做出的决策导致金融事故或损失时，由于决策过程的不透明，很难界定责任方。这不仅为金融机构和用户之间的责任划分带来了挑战，还为监管机构的监督和管理增加了难度。在这种情况下，监管机构难以通过审查程序代码来明确双方的行为，反而可能为双方提供了淡化或稀释责任的机会。

三是通用大模型对复杂金融指令的执行程度仍待商榷，也难以充分满足金融场景的定制化需求。金融交易过程中涉及的工具和指令不仅多样化而且具有高度的复杂性，这要求模型不仅能够理解指令的字面意义，还需要准确把握其背后的金融逻辑和市场环境。此外，金融行业内部的多样性也对大模型的应用提出了额外的挑战。不同的金融机构和交易场景可能会有着截然不同的需求和优先级，这意味着一个单一的、未经调优的通用大模型很难满足所有情况的需求。因此，尽管大模型在理解自然语言方面取得了显著进展，但要实现在复杂金融场景中的高效执行，仍需对模型的推理和逻辑能力进行进一步的迭代和优化。

四是现阶段的金融大模型在设计时仍面临合规性问题。首先，大语言模型的训练过程对数据的需求量巨大，这就可能促使一些开发者在未获得充分授权的情况下收集和使用用户数据，引发数据滥用的问题。这种做法不仅违反数据保护的相关法律法规，还可能侵犯用户的隐私权，引发法律诉讼和监管处罚，对金融机构的声誉造成严重损害。其次，模型在运作过程中的数据泄露问题也不容忽视。攻击者可能通过精心设计的提示语（Prompt Injection）等手段，利用模型的输出结果来反向推导出训练数据中的敏感信息。这种攻击方式不仅暴露了用户的隐私信息，还可能揭露出金融机构的敏感业务数据，从而给金融机构带来安全风险和声誉风险。

（五）金融科技高层次人才供给结构性短缺

"十四五"规划明确提出要"稳妥发展金融科技，加快金融机构数字化转型"。然而，伴随金融科技对金融供给侧结构性改革的不断深化，金融科技给当前金融人才培养体系带来的严峻挑战不容忽视。目前，金融科技人才培养与金融机构需求尚未完全匹配，由此导致的专业人才供给短缺、高层次人才供需错配等问题正日益凸显。有调查发现，96.8%的金融机构认为金融科技专业人才供给存在短缺，54.8%的金融机构认为金融科技专业人才的技能尚未满足实际需要、人才供需错位。一方面，高等院校在金融科技教育资源上的稀缺，直接导致国内金融科技专业毕业生体量有限，金融科技专业人才供给短缺不可避免。截至2023年，在全国3013所高等院校中，仅有78所专门针对"金融科技"设置了高等教育专业。另一方面，传统的金融人才培育体系难以满足金融机构对学科交叉型人才、实践交融型人才以及高速学习型人才的需求，导致金融科技高层次人才供给结构性短缺。从长远来看，金融科技人才培养现状不仅会动摇金融科技从"立柱架梁"迈向"积厚成势"新阶段的人才基础，而且可能进一步破坏金融科技高质量发展的内在驱动力。

四、未来展望与战略建议

（一）推动金融科技均衡协调发展

提升金融科技服务实体经济质效，重点在于破除金融科技竞争失衡失序难题，营造良好市场环境。从中央及监管部门角度看，应完善金融科技市场反垄断机制，打通市场资金配置堵点。加强针对金融科技市场垄断竞争的事前监管，完善行业公平竞争审查机制，引入第三方反垄断评估制度，健全行业自律与投资者监督体系，规范金融科技机构经营竞争行为。严厉打击大型金融科技平台滥用市场支配地位、实施技术性垄断的行为，细化市场垄断行为认定标准，尽快出台金融科技合规指导手册，集中整治不合理排他性协议、掠夺性定价、限定投融资等违法违规行为。

从上海角度看，应引导本地中小金融科技机构实现错位发展，释放实体经济服务质效。加大针对中小金融科技机构的政策扶持力度，支持中小机构明确自身发展定位与优势，重点布局普惠金融、零售金融、乡村金融等特色领域，为实体经济提供差异化金融科技服务。强化中小金融科技机构权益保障，针对科技公司跨界经营金融业务等行为，合理设置市场准入限制，防止用户、流量、资金过度集中于大型科技公司，避免对中小金融科技机构形成挤出效应。

从上海自由贸易试验区临港新片区角度看，应合理布局金融科技产业集群，"以点带面"形成集聚效应。推进不同类型金融科技机构协同发展，鼓励大型机构与小型机构、全国性机构与区域性机构、成熟机构与初创机构深化"端对端"合作，由前者提供前端客户引流或后端技术支持等解决方案，后者则专注推进单元业务创新发展，从而实现利益共享、风险共担、优势互补，构建可持续的金融科技发展生态圈。

（二）加快建设金融科技信息披露平台

从中央及监管部门角度看，应多措并举建立健全金融科技应用的外部监管机制，加快推进金融科技规范化、安全化应用。大力推动与金融科技应用相关的法律法规出台，积极主动打击危害经济稳定、金融安全的金融科技应用如加密货币、P2P借贷等，以法律法规约束金融科技应用，为金融科技发展划定明确的"红线"。鼓励多部门合作、开展协同监管，强化金融与信息技术行业协会、行业联盟等对金融科技监管的专业支撑，为金融科技的监管提质增效。

从上海角度看，应加快建设金融科技信息披露平台，提升金融科技应用技术细节、数据处理过程的透明度，巩固市场对金融科技的信任。在地方金融监督管理局的指导下，由地方金融科技协会牵头，组织协会成员开展标准化、常态化的信息披露工作，加快建设规范、透明、开放的地方金融科技信息披露平台。多角度披露金融科技信息，如对关键技术细节、数据运作处理机制、数据储存及维护机制、金融科技产品运作机制等信息进行详尽披露。另外，在定期报告与临时报告等常规信息披露基础上，结合金融科技应用技术高速更迭的特性，积极举办技术交流峰会等信息交流活动，多形式开展金融科技信息披露，在加深市场对金融科技的了解的同时巩固市场对金融科技的信任。

从上海自由贸易试验区临港新片区角度看，应与时俱进地巩固与发展金融机构与金融科技企业的信息安全技术，提升金融机构与金融科技企业在数据保护方面的技术实力。在严格依据《中华人民共和国数据安全法》开展数据收集、处理活动的基础上，通过加快金融科技高层次人才引进、持续加大企业科研投入等方式，以切实解决网络攻击、数据盗窃问题为导向，加强数据安全技术的开发与应用。例如，开发数据防泄露监控、数据流量监控、数据安全报警、数据加密等技术，切实提升金融科技的数据安全保障能力。

（三）全面优化金融科技基础设施建设

从中央及监管部门的视角出发，全面优化金融科技基础设施建设，不仅要着眼于当前需求，更要预见未来发展趋势，确保金融科技基础设施的长期可持续性与前瞻性。首先，从顶层设计入手，中央及监管部门应当加强国际合作，推动构建全球金融科技治理框架。通过深化与国际金融科技产业的合作，实现技术标准、监管规则和业务流程的互联互通，促进全球金融科技生态系统的健康发展。特别是在"一带一路"倡议下，通过建立"一带一路金融科技联盟"和"一带一路金融科技发展委员会"，不仅可以为沿线国家提供金融科技基础设施共建的制度性便利，还可以通过共同制定数据传输共享、跨境支付清算等规则标准，推动成员国间的金融科技数据可携权与互操作性义务，从而提升全球金融科技治理的协同性和效率。其次，加强金融科技基础设施的底层技术支撑，是实现系统互操作性与资产可交易性的关键。通过构建去中心化移动支付网络，不仅可以提高支付系统的效率和安全性，还可以促进数字货币的广泛应用。在此基础上，稳步推进数字人民币的建设与市场扩容，不仅是深化国内金融科技应用的重要举措，还是推动国际金融科技合作与创新的重要平台。通过支持数字货币创新试验区的设立，可以探索数字货币在不同场景下的应用模式，为全球金融科技治理提供中国方案。最后，把握全球"去美元化"的机遇，加快推动多边数字货币桥的应用落地，是提升我国在全球金融科技治理中话语权的重要途径。通过强调货币桥的"无伤害"原则与去中心化特色，不仅可以促进不同经济体之间的货币互换与流通，还可以为全球金融市场提供更加稳定、高效的支付与清算机制。这将有助于构建一个更加开放、包容的国际金融体系，推动全球金融科技的创新与发展。

从上海角度看，作为中国经济和金融科技发展的重要窗口，上海在全面优化金融科技基础设施建设方面承担着不可替代的角色。首先，上海可以依托其在金融资源和技术创新方面的优势，加速推进数字货币创新实验区的建设。通过实验区的建设，探索数字货币与电子商务、税费缴纳、消费贷款等多种经济活动的融合应用场景，从而推动金融科技基础设施的创新与发展。这不仅能够促进金融科技的应用创新，还能够为金融科技基础设施的优化提供实践基础和经验借鉴。其次，上海作为国际金融中心，拥有众多顶尖金融机构的集聚优势，应当充分利用这一优势，鼓励和引导境内外金融机构积极参与到国内金融科技基础设施的建设中来。通过建立更加开放的合作机制，促进国际金融机构与本地金融机构的深度合作，共同推动金融科技基础设施的建设和优化。同时，上海应当积极探索与其他国际金融中心的跨境合作，特别是在国际支付机制等方面的合作，通过多种合作方式加强与国际金融基础设施的互联互通，促进国内外金融市场的融合发展。最后，上海还应当注重引进国际先进的金融科技和管理经验，通过国际合作提升本地金融科技基础设施的国际竞争力。这不仅包括技术引进和知识转移，还包括在法律法规、市场监管等方面与国际接轨，为金融科技基础设施的优化和发展创造更加有利的外部环境。

从上海自由贸易试验区临港新片区角度看，在全面优化金融科技基础设施建设的背景下，临港作为具有独特地理和政策优势的区域，其在金融科技创新领域的战略部署尤为关键。首先，临港需加大对金融科技基础设施建设的投入，包括但不限于数据中心、云计算服务、区块链技术平台等，为金融科技企业提供高效、安全的技术支持。通过构建高标准的金融科技基础设施，可以有效提升系统的互操作性，促进不同金融科技系统之间的数据共享与业务协同，进而提高金融服务的效率和质量。其次，临港应着力推动金融资产的数字化转型，利用区块链等前沿技术，探索资产数字化的新模式，提升资产的可交易性和流动性。通过建立完善的金融资产数字化标准体系，可以降低金融交易成本，增强金融市场的包容性和透明度，为投资者提供更多元化的投资选择。最后，临港还应积极参与全球金融科技治理体系的构建，通过与国际金融科技组织和监管机构的深度合作，共同探讨和制定国际金融科技监管标准和规则。通过提升临港在全球金融科技治理中的话语权和影响力，可以为其乃至中国金融科技企业的国际化发展创造有利的外部环境。

（四）推动行业应用核心技术前瞻性部署

在当前全球金融科技快速发展的背景下，中央和监管部门采取的政策措施对于推动行业应用核心技术的发展、进行前瞻性部署、巩固国际领先地位具有重要意义。中央和监管部门通过财政资金支持、税收优惠等多元化的激励机制，积极促进金融科技企业特别是在金融大型语言模型（如 GPT 系列模型）的研发和应用。这种政策支持不仅包括直接的资金投入，还涉及对金融科技创新项目的指导和监督，确保这些项目能够在促进金融行业技术进步的同时，有效管理潜在的风险。通过设立人工智能金融应用试点和金融大型语言模型试点项目，中央和监管部门旨在积累宝贵的实践经验，推动人工智能技术在金融领域的深度融合和应用落地，从而促进金融服务的创新和优化。为了支撑金融大型语言模型的开发和应用，中央和监管部门应当着重加强金融科技领域基础设施的建设，包括但不限于数据中心、高性能计算能力和网络安全等关键领域。这些基础设施的建设和完善将为金融科技的创新提供坚实的物理和技术基础，确保金融大型语言模型的高效运行和数据处理能力，同时能够为金融数据的安全保护提供有力的支撑。金融监管部门通过引入监管科技，特别是利用金融大型语言模型的创新应用，可以实现对金融市场监管方式的革新。监管科技的应用不仅能提高监管效率，还能增强监管的精准性和实时性。通过运用人工智能技术处理非结构化数据，以及利用大数据技术提高金融监管的覆盖面，监管部门能够更有效地识别和管理金融市场的潜在风险。例如，英格兰银行通过自然语言处理技术的应用，能够及时发现金融机构报告中的敏感信息和监管数据报送中的异常数据，从而提前预防和应对金融风险。

从上海角度看，作为中国的金融中心和科技创新高地，上海承担着推动行业应用核心技术发展、进行前瞻性部署以及巩固国际领先地位的重要使命。首先，应鼓励和支持金融科技企业自主研发大型语言模型，减少外部技术依赖。这种先进的自然语言处理技术不仅具有广泛的应用潜力，而且对于提升国家技术自主性、保护数据安全，以及增强技术的本土化适配性具有重要意义。因此，有条件的金融科技企业应当被鼓励开展这方面的研发工作，以加强核心技术的本土化进程，减少对外部技术的依赖，同时更好地保障国家数据安全和隐私，有效预防外部威胁，并提升技术在本国语言、文化和行业需求方面的适应性和应用价值。其次，应建立健全金融数据质量管理机制，提升金融大语言模型发展质量。金融数据的可用性、准确性和完整性是其质量的核心要素。从数据的采集与储存开始，应对数据进行细致的分类、分级、评估和标准化处理，并提前进行数据的标记与加工，以便于数据能够在不同行业、地区和系统之间流动与使用。这样不仅能够提升金融数据的质量，还能为后续提供不同数据类型的技术服务打下坚实的基础。最后，政府应当引导金融机构将大型语言模型作为辅助工具，与人工智能技术和专业人员的能力相结合，共同推动金融业的发展。因为在当前技术条件下，大型语言模型虽然是一项重要的技术工具，但它不能完全替代人类的专业知识和判断能力。同时，政府还需要积极应对和解决大语言模型（LLM）应用过程中可能遇到的道德、社会和法律问题，确保其应用能够与金融业务的目标和价值相一致，促进其在金融业中的可持续发展，并承担起相应的社会责任。

从上海自由贸易试验区临港新片区角度看，临港作为上海市的重要经济开发区，其在金融科技领域的发展具有特定优势。首先，临港可以通过制定和实施一系列针对性的优惠政策，吸引更多的金融科技企业和研发机构落户。这些优惠政策包括税收减免、资金补贴、土地使用优惠等，旨在降低企业的运营成本，提高其竞争力。此外，临港还可以提供定制化服务和支持，如帮助金融科技企业解决落地过程中的行政审批、人才引进、技术研发等问题，从而为企业提供良好的发展环境。其次，临港可以依托自身丰富的产业资源和技术优势，积极推进金融科技创新平台和实验室的建设。这些平台和实验室不仅能为企业提供技术研发的场所，还能提供技术验证、应用试点的机会。通过加强与专业机构如高校、研究院所、行业协会的合作，可以共同推动金融科技领域的技术进步和应用创新。此外，通过招聘和培训增强内部团队的专业能力，同时与外部合作伙伴、学术机构或技术公司建立合作关系，共享人工智能、大数据等领域的专业人才和知识资源，有助于共同推动金融科技创新发展。最后，临港应当充分发挥产融合作平台引导作用，实现企业、高校与金融机构在金融科技中的产学研深度融合。通过召开技术研讨会、项目合作等方式，实现科技成果的高效转化与金融科技人才供需的精准对接。搭建实际应用与产业需求平台，组织技术人员深入了解金融科技产业的现实应用场景，推动产学研的协同创新与应用落地，以金融服务需求为导向寻求更具针对性的技术突破与迭代创新，为金融科技与数字化转型提供持续推动力。

（五）建立健全金融科技人才培养与认证体系

在金融科技全面迈向"积厚成势"新阶段的进程中，"做好金融科技人才培养"是夯实金融科技可持续发展基础的重点任务。当前，金融科技人才培养与金融机构需求的不匹配，直接暴露了金融科技课程体系设置的不合理，也间接反映了金融产业内部参与者在人才交流合作方面的不充分以及对人才进行评价认证的不完善，为我国金融科技专业人才的培养敲响警钟。基于此，有关部门需做到"对症下药"，通过加快构建学科融通的金融科技课程体系、打造实践融合的金融科技人才联合培养机制、建立健全金融科技人才评价认证体系、疏通金融科技专业人才输送的关键堵点，实现金融科技人才培养与金融机构需求的精准匹配。从中央及监管部门角度看，应建立健全金融科技人才认证体系，提升金融科技高层次人才向金融机构输送的质效。联合高等院校、行业协会、政府监管单位等有关部门，在综合考虑金融、科技、监管、风险、伦理道德的基础上，共同构建权威、标准、统一的金融科技人才认证基本框架。通过积极推进人才认证项目在临港新片区的试点工作，加快实现金融科技人才评价认证项目的推广与应用。大力鼓励金融机构等用人单位将金融科技人才认证纳入机构选人用人指标，在"以证促学"提升金融科技高层次人才自身专业修养的同时，为金融机构"精准输送金融科技高层次人才"这一目标提质增效。

从上海角度看，应打造贯穿金融产业的金融科技人才联合培养机制，为金融机构输送实践融合型金融科技专业人才。鼓励高等院校、金融科技协会、金融科技企业、传统金融机构、金融教育培训机构等金融产业参与者就金融科技人才培养开展深度合作，通过在线上线下举办培训、论坛等多种活动为金融科技人才与金融机构、金融科技企业搭建交流互动平台，加快消除金融科技人才培养与金融机构需求的信息不对称。加快推进自由贸易试验区内金融科技产业实习基地的建设，大力支持金融科技人才前往国内外金融机构、金融科技企业开展实习、调研、游学等实践活动，切实强化金融科技专业人才的应用操作能力。

从上海自由贸易试验区临港新片区角度看，应加快构建金融理论与信息技术融通的金融科技课程体系，为金融机构培养学科交叉型金融科技专业人才。高等院校、教育培训机构等在设置金融科技课程体系时，应当着重避免"为了交叉而交叉"，并对金融理论与信息技术进行简单拼凑；应始终坚持以金融科技应用中的实际问题为导向发扬各学科优势，积极构建传统金融理论与数据挖掘、大数据、云计算、机器学习、人工智能等信息技术有机融合的金融科技课程体系。积极发挥自由贸易试验区在"持续深化首创性、差别化探索，全力推进制度创新实践"上的特殊优势，充分利用上海丰富的金融产业资源及高等院校资源，在临港新片区创建金融科技教育创新实验室，并大力推进学科融合的金融科技教学试点工作，加快构建可复制推广的金融科技课程体系。

参考文献

[1] 安嘉理. 普惠金融十年——回顾、成效与展望[J]. 中国银行业, 2023(10): 63-65+6.

[2] 陈宇峰, 吴金旺, 吴忠睿. 金融科技发展会提升金融稳定性吗?——基于宏观审慎监管有效性的视角[J]. 浙江学刊, 2024(2): 117-128+240.

[3] 程炼. 金融科技时代金融基础设施的发展与统筹监管[J]. 银行家, 2019(12): 32–34.

[4] 董克用,孙博,张栋. 从养老金到养老金融:中国特色的概念体系与逻辑框架[J]. 公共管理与政策评论, 2021,10(6): 15-23.

[5] 董克用,张栋. 中国养老金融:现实困境、国际经验与应对策略[J]. 行政管理改革, 2017(8): 16-21.

[6] 董双华. 金融科技助力实体经济高质量发展研究综述[J]. 中国管理信息化, 2024, 27(3): 140–142.

[7] 杜春野. 探索科创金融发展新路径赋能科创企业加速成长[J]. 清华金融评论, 2023(11): 19–21.

[8] 房汉廷. 关于科技金融理论、实践与政策的思考[J]. 中国科技论坛, 2010(11): 5-10+23.

[9] 房汉廷. 中国科技金融发展未来之像[J]. 科技与金融, 2023(5): 3–7.

[10] 高帅,李彬,邓红梅等.《巴黎协定》下自愿碳市场的运行模式及对我国的影响[J].中国环境管理,2023,15(4):44-52.

[11] 顾雷,陆超.补齐中小银行风险短板 提高普惠金融服务质效[J]. 金融博览(财富), 2023(11): 44–45.

[12] 黄金老. 科创金融:江苏的创新与实践[M]. 大连:东北财经大学出版社,2023.

[13] 鞠建东, 兰晓梅. 中国跨境融资管理的问题与改进[J]. 金融论坛, 2021,26(2): 3-7+36.

[14] 连平,周昆平. 科技金融:驱动国家创新的力量[M].北京:中信出版集团,2017.

[15] 刘传文. 服务民生的泰隆实践[J]. 中国金融, 2021(22): 39–40.

[16] 刘国宏. 科创金融发展的底层逻辑及对策研究[J]. 特区实践与理论, 2023(6): 105–111.

[17] 刘连舸. 跨境金融:驱动因素、结构特征与未来路径[J]. 金融研究, 2022(2): 1–20.

[18] 龙云安,李泽明. 科技与金融结合机制突破的研究[J]. 科学管理研究, 2012, 30(1): 109–112.

[19] 陆菁,鄢云,王韬璇.绿色信贷政策的微观效应研究——基于技术创新与资源再配置的视角[J].中国工业经济,2021(1):174-192.

[20] 陆岷峰,高伦. 大语言模型发展现状及其在金融领域的应用研究[J]. 金融科技时代, 2023, 31(8): 32–38.

[21] 陆岷峰. 大语言模型在金融端的应用原理、挑战及落地路径研究[J]. 重庆工商大学学报(社会科学版): 1–13.

[22] 梅德文,葛兴安,邵诗洋. 国际自愿减排市场评述与展望[J]. 中国财政, 2022(15): 27-29.

[23] 孟维福,刘婧涵.绿色金融促进经济高质量发展的效应与异质性分析——基于技术创新与产业结构升级视角[J].经济纵横,2023(7):100-110.

[24] 潘玉蓉. 29万亿普惠信贷面临新形势 "两增两控"迎来调整[N]. 证券时报, 2024-04-02（A01）.

[25] 邱冬阳, 蓝宇. ChatGPT给金融行业带来的机遇、挑战及问题[J]. 西南金融, 2023(6): 18–29.

[26] 世界银行,中国人民银行.全球视野下的中国普惠金融:实践、经验与挑战[M].北京:中国金融出版社,2019.

[27] 王剑,王文姝. 构建商业银行科创金融生态圈[J]. 中国金融, 2024(6): 76–77.

[28] 王一栋, 谢沂廷.我国自愿减排体系下的蓝色碳汇交易研究[J]. 海南金融,2023(11): 13-20.

[29] 吴虹仪,殷德生.绿色信贷政策对企业债务融资的"赏"与"罚"——基于准自然实验的效应评估[J].当代财经,2021(2):49-62.

[30] 徐晓萍, 谈儒勇, 马文杰等.普惠金融推进中的政策偏差需引起警惕[R].成果要报, 中办内参, 2021.

[31] 徐晓萍.当前普惠金融发展的机遇、挑战及应对之策[N].金融时报（理论版）, 2023-04-24.

[32] 徐晓萍.普惠金融[M].上海:上海财经大学出版社,2022.

[33] 徐晓萍.数字化时代个人信息保护与普惠金融发展[N].金融时报（理论版）, 2020-12-21.

[34] 姚永玲, 王翰阳. 科技创新与金融资本融合关系研究——基于北京市的实证分析[J]. 中国科技论坛, 2015(9): 103–108.

[35] 杨正平,王淼,华秀萍.科技金融创新与发展[M].北京：北京大学出版社,2017.

[36] 张栋浩. 做好普惠金融大文章,坚持走中国特色普惠金融发展道路[J]. 财经科学, 2023(12): 10–12.

[37] 张明喜,魏世杰,朱欣乐. 科技金融:从概念到理论体系构建[J]. 中国软科学, 2018(4): 31–42.

[38] 张天伦,金涛. ChatGPT冲击下我国证券公司的发展机遇、挑战与对策建议[J]. 清华金融评论, 2023(10): 89–93.

[39] 赵玲.我国科技金融体系构建研究：以杭州为例[M].杭州：浙江大学出版社,2018.

[40] 中国光大集团课题组. 加快推进科创金融改革试验区建设[J]. 中国金融, 2023(4): 91–92.

[41] 中国人民大学.小微企业金融健康[R]. 中国普惠金融研究院, 2023.

[42] 中国人民大学.中国普惠金融发展报告(2021)[R].中国普惠金融研究院, 2021.

[43] 中国人民银行.中国普惠金融指标分析报告(2021)[R].金融消费权益保护局, 2021.

[44] [美]D.E.司托克斯.基础科学与技术创新:巴斯德象限[M].周春彦, 谷春立, 译.北京:科学出版社,1999.

[45] Asness C S, Israelov R, Liew J M. International Diversification Works (Eventually)[J]. *Financial Analysts Journal,* 2011, 67(3): 24-38.

[46] Auer R, Boar C, Cornelli G, et al. CBDCs beyond borders: results from a survey of central banks[D]. BIS Papers, 2021.

[47] Barr N, Diamond P. The Economics of Pensions[J]. *Oxford Review of Economic Policy*, 2006, 22(1): 15-39.

[48] Chetty, R, J N Friedman, S Leth-Petersen, et al. Active Vs. Passive Decisions and Crowd-Out in Retirement Savings Accounts: Evidence from Denmark.[J] *The Quarterly Journal of Economics*,2014,129 (3): 1141–1219.

[49] Engelhardt Gary V & Kumar Anil. Employer Matching and 401(k) Saving: Evidence from the Health and Retirement Study[J]. *Journal of Public Economics, Elsevier*, 2007, 91(10):1920-1943.

[50] Everaert L, Genberg H. IMF Advice on Capital Flows to the Republic of Korea and Selected ASEAN Economies[R]. IEO Background Paper BP/20-02/07, Independent Evaluation Office of the International Monetary Fund, 2020.

[51] Fan H, Peng Y, Wang H, et al. Greening through finance?[J]. *Journal of Development Economics*, 2021, 152: 102683.

[52] Fang H, Qiu X. "Golden Ages": A Tale of the Labor Markets in China and the United States[J]. *Journal of Political Economy Macroeconomics*, 2023, 1(4): 665-706.

[53] Hans Degryse, Roman Goncharenko, Carola Theunisz, et al. When Green Meets Green[J]. *Journal of Corporate Finance, Elsevier*, 2023(78).

[54] López G G, Stracca L. Changing Patterns of Capital Flows[J]. *BIS Committee on the Global Financial System Paper*, 2021 (66).

[55] Thaler Richard & Sunstein C. *Nudge: Improving Decisions About Health, Wealth, and Happiness*[M]. Penguin Books, 2009.